말은 어떻게 해야 하는가? 이는 아주 대답하기 어려운 질문이다.
왜냐하면 말하기는 영원히 배움이 끝나지 않는 과목이기 때문이다.
하지만 그래도 시작점은 분명 존재할 것이다. 그렇지 않은가?
소통전문가 아담 제이콥스

듣는 과정에서 우리가 범하는 가장 큰 오류는
우리가 우리에게 의미 있는 말만 듣고,
다른 사람에게 의미 있는 말은 듣지 않는다는 것이다.
언어학자 스티븐 핑커

대화는 서로의 사상의 교류이자
나아가 말하기와 지혜가 융화된 깊은 의미가 있는 표현이다.
많은 사람이 걱정하는 것처럼 자신의 단점을 드러내게 하는 것이 아니다.
예학전문가 에밀리 포스트

마음을 여는
듣기의 힘

마음을 여는 듣기의 힘

펴낸날 2023년 11월 21일 1판 1쇄

지은이 아가와 사와코
옮긴이 신찬
펴낸이 강유균
편집위원 이라야 남은영
기획·홍보 김아름 김혜림
교정·교열 이교숙 정아영 나지원
경영지원 이안순
디자인 바이텍스트
마케팅 조명구

출판브랜드 지니의서재
주소 경기도 고양시 덕양구 청초로 66 덕은리버워크지산 B동 2007호~2009호
전화 (02)719-1424 **팩스** (02)719-1404
이메일 gangibook@naver.com
홈페이지 www.readlead.kr
펴낸곳 리드리드출판(주)
출판등록 1978년 5월 15일(제 13-19호)

ISBN 978-89-7277-385-6 (03320)

* 지니의서재는 리드리드출판(주)의 출판브랜드입니다.
* 파본은 구입한 서점에서 교환해 드립니다.
* 책값은 뒤표지에 있습니다.

마음을 여는 듣기의 힘

아가와 사와코 지음 · **신찬** 옮김

The Power of Listening to Open your Heart

지니의서재

prologue

말에 귀 기울이면 '듣기'의 매력이 보인다

나는 대담 코너를 맡아 인터뷰를 연재하고 있지만 아직도 배우는 중이다. 생각해 보면, 〈슈칸분슌週刊文春〉의 '이 사람과 만나고 싶다' 대담 연재를 어떻게 꾸려왔는지 신통할 뿐이다. 그럼에도 "오랫동안 진행했으니 이제 인터뷰가 좀 편안해지지 않았나요?"라고 묻는다면, 솔직히 그렇다고 대답할 수 없다. 지금도 대담에 나설 때면 긴장되고 떨리는 게 사실이다. 편안을 운운할 여유는 기필코 없다.

지금은 방송일을 병행하면서 영상 인터뷰 모습도 선보이고 있다. 이토록 불편한 일인 줄 미리 알았으면 맡지 않았겠지만, 칭찬은 고래도 춤추게 한다고 하지 않던가? 잘한다는 칭찬에 덥석 수락하고 말았다. 그러다 보니 한 편의 영상을 찍을 때마다 고민스럽다.

하여튼 나는 소심하고 귀가 얇아서 큰일이다. 이렇듯 아직도 인터뷰를 배워가는 상황인데 '듣기의 비결'을 논하는 책을 내려고 하니, 무엇보다 스스로 목을 조르는 일이 될 것 같아 한편으론 걱정이 되기도 한다. 그렇지만 나의 서툰 경험과 많은 실패담이 독자에게 '듣는 일'에 대해 다시 생각할 기회를 주고 무언가 하나라도 비결을 제시할 수 있다면, '그것으로도 족하지 않을까'라는 생각에 용기가 생겼다.

《마음을 여는 듣기의 힘》이란 책 제목에 여러분은 의아할 것이다. "듣기처럼 쉬운 게 어디 있어?", "듣기가 무슨 힘을 가졌다는 거야?"라며 반문을 제기할지도 모르겠다. 몸을 움직이지 않아도 되고, 입을 벌려 이야기하지 않아도 되며, 무슨 말을 할까 고민하지 않아도 된다. 그저 무심코 앉아 있기만 해도 열린 귀로 얘기가 쏙쏙 들어온다. 과학자들은 공기의 움직임이 진동을 만들어내고 귀의 감각기관이 그것을 감지하여 소리로 전달하기 때문이라 할 것이다. 그런데 듣기의 힘이라니.

이렇게 말하는 사람의 대부분은 듣기의 힘을 경험해 보지 못한 게 틀림없다. 듣기는 실체가 있는 대상이 아니기에 그 힘과 위력을 간파하지 못한다. 오히려 간과하고 무시한다. 그로 인해 중요한 단서를 놓치거나 오해를 부르며 공감대를 형성하지 못한다. 진심으로 말했는데 성의 없는 반응을 보이기도 하고, 중요한 정보를 얘기했는데 놓치면서 기회를 잃는다. 이래도 듣기에 힘이 없다고 할 텐가.

듣기의 힘은 말이나 웃음처럼 표면에 드러나지 않기에 더욱 강하다. 얼마나 잘 듣는지 헤아릴 수 없기에 더 크게 작용할 수 있다. 이를 실감하고 절감한 나의 경험을 여기에 풀어놓고자 한다.

동일본 대지진 이후 많은 일본인이 그랬듯이 나 또한 한동안 일이 손에 잡히지 않아 허무감에 시달렸다. 도대체 내가 뭘 할 수 있을까? 도움을 줄 수나 있을까? 무력한 자신에 초조해졌고 해야 할 일들이 모조리 헛되이 여겨질 정도로 막막했다. 그래도 시간은 시시각각 흘렀고 일상은 되돌아왔다. 우선 마감이 임박한 원고를 쓰고 라디오나 TV 등 방송일도 하면서 〈슈칸분슌〉의 대담 코너를 소화해갔다. 그러던 중 유명 카피라이터 이토이 시게사토를 만났다.

새로운 미디어 만들기에 도전하는 그에게 이번 지진 재해를 어떻게 생각하는지, 일본인은 앞으로 어떻게 살아가면 좋을지 등 조언을 구하고 싶었다. 그 자리에서 이토이 씨는 이런 이야기를 들려줬다.

"저는 아직 재해 지역에 가서 구체적으로 뭘 어떻게 활동해야 할지 잘 모르겠어요. 가봐야 한다는 생각이 없는 건 아닙니다. 그런데 명확한 계획도 없이 간다면 관광지에 놀러 가는 것과 뭐가 다른가 싶었죠."

이토이 씨는 대지진 직후에 우왕좌왕하는 날을 보냈다고 했다. 그러다 인터넷상에서 한 이재민 여성을 만났다고 한다.

"쓰나미에 휩쓸렸다가 간신히 목숨을 건진 스물두 살 여성을 트위터로 알게 됐는데 얼마 전에 직접 만났죠."

그는 그 여성에게 재해 지역에 가고 싶은데 어디로 가서 무엇을 하면 좋을지 모르겠다고 토로했다. 그러자 그녀는 "가신다면 꼭 찾아가 줬으면 하는 곳이 있어요."라고 말했다.

그중 한 곳은 대피소였다. 대피소에서 지내는 사람들은 이야기 상대가 없어 상처를 달랠 수 없다고 했다. 왜냐하면 집이 무너졌다고 호소해봤자 모두가 똑같은 일을 당했기에 아무도 놀라지 않는다. 가족을 잃고 구사일생으로 살아남았다고 이야기해봤자 '나는 더 무서운 경험을 했다'라는 말만 돌아올 뿐 아무도 귀를 기울여주지 않는다는 것이다.

"그러니 대피소로 가서 그들의 얘기를 들어주세요. 와줬다는 것만으로 자신들이 고독하지 않다는 걸 알게 될 테니까요. 자신이 잊히지 않았다는 사실을 깨달을 수 있을 테니까요."

그리고 아직 신원이 밝혀지지 않은 시신이 안치된 곳과 쓰나미에 휩쓸린 '무덤'을 방문해주기를 바랐다.

"이 이야기를 듣자마자 내가 뭘 할 수 있을지는 모르겠지만 일단은 가야겠다는 생각이 들더군요."라며 이토이 씨는 힘주어 말했다.

당시 나는 이토이 씨처럼 당장 찾아가겠다는 결심을 세우지는 못했지만, 남의 이야기를 들어주는 일이 얼마나 큰 도움이 되는지 깨달았다. 그 깨달음으로 가슴 속 응어리가 단번에 내려가는 후련한 기분이 들었다.

나는 10여 년 전부터 농림수산성이 주최하는 '듣고 기록하기, 고등학생 전국 대회'에 참여하고 있다. 전국에서 모인 고등학생 100명이 각자 숲에서 일하는 명인을 찾아가 이야기를 듣고 리포터를 작성하는 활동이다. 숲의 명인은 벌채, 산림 가꾸기, 숯 제조, 가지치기, 표고버섯 재배 같은 일에 종사하는 장인을 말하는데 이제는 범위를 넓혀 강이나 바다의 명인도 참여하고 있다.

처음에는 고등학생 과제치고는 좀 가혹하다는 생각이 들었다. 어쩌면 내가 진행하는 대담 코너보다 더 힘들지도 모른다. 먼저 생면부지의 명인(대부분이 60세 이상의 고령자)에게 전화를 걸어 방문 날짜를 정하고, 당일에는 대중교통을 이용해 산에 홀로 찾아가 만나는 순간부터 녹음하고 인터뷰를 한다. 도와주는 어른은 없다. 명인이 사투리가 심하다면 의사소통이 제대로 이루어지지 않을 수도 있다. 하지만 포기하지 않고 진지하게 명인의 삶과 일에 대해 질문하고 청취해야 한다. 그렇게 인터뷰를 마치면 집으로 돌아와 직접 녹음을 옮겨 적으며(이 부분이 참 어렵다고 이구동성으로 말했다) 요점을 정리해 리포트로 제출해야 한다.

이후 학생들의 인터뷰 자료 글이 100개 정도 취합되면, 그중 우수작으로 선정된 고등학생들과 그 대상인 명인들을 무대 위로 모시고 뒷이야기를 듣는 시간을 갖는다.

"어떠셨어요?"

마이크를 들이대자 보고서를 작성한 학생이 수줍게 말했다.

"처음에 명인 할아버지께서 일하시는 숲속으로 데려가 주셨어요. 근데 할아버지는 숲에 들어서자마자 밧줄 하나로 높은 나무를 훌쩍훌쩍 뛰며 엄청나게 빨리 올라가셨어요. 어디서 원숭이가 나타났나 했어요."

그러자 명인이 말을 거들었다.

"학생이 내 이야기를 들으러 왔다지 뭐야. 얼마나 긴장되든지…. 근데 꿀 먹은 벙어리인 양 아무 소리도 못 하고 서 있는 거야. 괜스레 걱정돼서 이런저런 이야기를 들려줬지."

학생을 바라보는 명인의 눈은 마치 친할아버지 같은 다정함으로 가득 차 있었다.

나는 이 모습이 매우 흥미로웠다.

원래 행사의 기획 의도는 이제는 후계자가 없는 명인의 삶을 고등학생들에게 알리는 것이었다. 적어도 나는 그렇게 이해했다. 그런데 뚜껑을 열어보니 힘들었지만 재밌었다고 말하는 학생, 옆에서 고령의 명인이 흐뭇한 표정을 짓고 있는 것 아닌가!

"처음에 손주 같은 어린 학생에게 무슨 말을 해야 할지, 무슨 얘기가 도움이 될지 몰랐지만 만나서 이야기를 나누다 보니 기분이 좋더구먼. 가족도 이웃도 누구도 내 일에 흥미를 보이지 않으니까 말이여. 이렇게 내 이야기를 길게 해 본 적은 없지, 아마…."

후계자가 없어 자신이 마지막이라고 꼬장꼬장하게 말하던 명인들이 이야기를 들어준 것뿐인 학생에게 감사를 전하는 모습을 보니 괜스레 눈물이 났다.

나처럼 인터뷰를 생업으로 삼지 않아도 '듣기'는 마치 숨 쉬는 것처럼 누구나 자연스럽게 하는 행위이다. 강의 듣기, 이야기 듣기, 하소연 듣기, 자랑 듣기, 흘려듣기, 열심히 듣기, 억지로 듣기 등 듣는 법도 다양하다. 분명 같은 이야기를, 같은 장소에서 들었는데 함께 들었던 사람들과 기억을 대조해보면 서로가 전혀 다른 경우도 많다.

"얼마 전에 저 사람이 이런 말을 했잖아?"

"뭐? 그랬나? 나는 ○○ 이야기가 기억에 남는데?"

"이상하네…. 나는 그 이야기는 전혀 생각이 안 나…."

어떤 말을 자신의 뇌에 저장하는지는 듣는 이에 따라 다르므로 이런 상황이 벌어진다. 하지만 이런 점이 '듣기'의 매력 아닐까? 그래서 사람들은 듣기를 멈추지 않는다.

새로운 이야기든, 들었던 이야기든, 우스개 이야기든, 뭉클한 이야기든 우리는 누군가의 이야기를 들으며 설레고 싶어진다. 선입견 없이 호기심을 갖고 남의 이야기를 듣다 보면 자연스럽게 감정이 이입되어 뭔가 느끼는 점이 생긴다.

말하는 사람도 마찬가지다. 이야기하면서 자기 생각을 정리하기도 하고, 잊고 있던 기억이 소환되어 뜻밖의 발견을 할 때도 있다.

'말 많은 부장님 오셨네. 매번 대충 흘려듣다가 자리를 피했었는데, 한번 참고 들어 볼까?'

'우리 할머니 이야기는 맨날 똑같은 레퍼토리지. 들은 이야기라며 항상 도중에 입막음하곤 했는데 찬찬히 끝까지 한번 들어 볼까?'

이런 생각이 든다면 부디 다음 페이지를 넘겨보길 바란다.

아가와 사와코

차례

The Power of Listening to
Open your Heart

PART 2 듣는 맛을 살리는 비법

PART 3 상대의 마음을 끌어당기는 소통의 기술

만약 우리가 듣기에 대한 욕심이 없다면 말하고 싶은 욕심도 크게 감소할 것이다.
이 측면에서 보면 가볍게 말할 줄 아는 것 자체가
자신의 말하기 능력과 다른 사람의 듣기에 대한 욕심을 강화한다는 것을 알 수 있다.

협상전문가 맥스 베이저만

PART 1

당신은 들을 줄 아는 사람인가요

The Power of Listening to Open your Heart

가장 자기다울 때 돋보인다

나는 줄곧 인터뷰가 서툴렀다. 솔직히 지금도 썩 잘한다고는 생각지 않는다.

매스컴에 몸담은 이후 잡지나 텔레비전에서 나름의 인터뷰 경험을 쌓아왔지만, 처음 15년 정도는 잘한다는 칭찬을 받아 본 적이 없었다. 칭찬은커녕 "좀 더 파고들어요!", "아니! 이야기가 자꾸 샛길로 빠지잖아요!"라고 매번 혼났다. 내가 괜찮다고 판단한 일은 모조리 역효과가 났다. 자신감은 떨어졌고 인터뷰 감각이 없다는 생각에 낙담하기 일쑤였다.

일을 시작하고 얼마 안 되어 주간지에서 '기업인에게 여성 인력의 활용을 묻다'라는 연재 코너의 인터뷰를 맡았었다. 다양한 기업인의 이야기로 두 여성을 청취하는 형식의 기획이었다. 마침 '남녀고용기회균등법'이 생긴 직후이기도 했다.

"귀사의 여성 인력 활용에 관한 입장은 뭔가요?"

"여성의 사회진출에 대해 어떻게 생각하십니까?"

"여성이 일하면 어떤 장단점이 있나요?"

지금보다 여성이 진지하게 일할 수 있는 환경이 마련되지 않은 시대였다. 특별히 뛰어난 사람이 아니면 회사는 결혼하기 전까지 근무하는 곳 정도로 생각했고, 여성을 책임자로 기용하는 회사도 드물었다. 대다수 기업인의 공적 입장은 "맞아요. 앞으로는 여성의 능력이 중요한 세상이 될 겁니다."라면서도 개인적인 의견을 물으면 "제 아내라면 일은 안 시켜요. 뭐니 뭐니 해도 여성의 행복은 결혼 생활이죠."라며 슬그머니 본심을 드러냈다.

나 또한 그 당시에는 남존여비 사상에 물들어 있었다. 지극히 가부장적인 아버지 밑에서 자란 환경 탓에 여성이 사회에 진출해서 남자만큼 일하기는 무리라고 여겼다. 그러니 인터뷰를 나가면 기업인들의 이야기에 아무런 의문을 품지 않고 오히려 설득되어 돌아오곤 했다.

그러다 2년 정도 이어온 연재가 끝을 맺게 되었다. 두 명의 신입 인터뷰어를 옆에서 든든히 지원해 주던 작가가 쫑파티를 열어줬던 날 그에게 말했다.

"그동안 고마웠습니다. 여러모로 민폐만 끼쳤네요. 많이 힘드셨죠?"

내가 이렇게 말하자 그는 아니라며 고개를 저었다.

"아가와 씨는요. 인터뷰는 서툴지만, 이상하게도 사장님(게스트)들이 싫어하지 않았어요."

칭찬인가, 욕인가. 아무래도 욕에 가까운 인상을 받았다. 이상했다. 나도 잘한다고 생각하지는 않았지만 '그렇게까지 못했나?'라는 생각도 들었다. 인터뷰를 잘 못하는 사람으로 낙인찍힌 기분이었다.

이를 계기로 내 안에 인터뷰 울렁증이 똬리를 틀었다. 시간이 지날수록 실력이 늘기는 고사하고 울렁증이 점점 더 심해졌다. 실수라도 하면 '그러니까 잘 못한다고 했잖아….'라며 자포자기

했다. 하지만 미디어 업계에서 일하며 인터뷰 일을 마냥 피해 다닐 수는 없었다.

'싫어. 싫어. 정말 싫단 말이야.'

나는 이런 반감을 속으로 꾹꾹 누르며 마지못해 인터뷰를 계속 진행해야만 했다.

'나'다운 대담은 뭘까

그로부터 10여 년이 흐른 가을, 주간지 〈슈칸분슌〉의 편집장으로부터 제안을 받았다.

"대담 코너를 맡아서 진행해볼 생각 없어요?"

4년째 에세이를 〈슈칸분슌〉에 연재하는 중이었다. 하야시 마리코, 이주인 시즈카와 같은 유명 작가들과 함께 일상의 에피소드를 연재했는데, 웬일인지 4년째부터는 좀처럼 글쓰기에 능률이 오르지 않고 있었다. 요즘 글이 잘 써지지 않는다고 느끼던 시기에 "에세이 연재는 그만 슬슬 정리하고 대담 연재를 시작해보죠?"라는 제안 같은 지시가 떨어진 것이다. 이럴 때는 새로운 길이 열렸다는 기쁨보다 지금까지 걸어온 길이 닫혔다는 충격이 더 깊이 가슴을 찌른다.

'에고, 아무래도 대놓고 자르기 불쌍하니까 상냥한 편집장이 온정을 베풀어주는 게 분명해.나도 내 에세이가 썩 재미있다고는 생각하지 않았지만 진짜 그랬나 보네.'

의기소침하여 집으로 돌아왔다. 그리고 생각했다.

'이제 에세이를 연재할 수 없다는 건 어쩔 수 없다고 치자. 그렇다고 대담 진행자가 되라고? 그건 좀 아니잖아! 인터뷰 울렁증도 있는데…. 인터뷰로 칭찬 한 번 받아본 적 없는 내가, 게다가 매주 한 사람씩 만나 서툴러 빠진 인터뷰를 하다가는 몸도 마음도 엉망이 될 거야. 어쩌면 뼈만 앙상하게 남을지 몰라. 다이어트에 도움이 되는 건 고마운 일이지만 분명 어처구니없는 실수를 하고 주위 사람들에게 폐만 끼치게 될 게 뻔해. 근데, 잠깐만….'

순간 '번쩍' 하고 다른 생각이 떠올랐다.

'말을 먼저 꺼낸 쪽은 잡지사잖아? 만약 내가 실수하거나 기사가 재미없어도 나를 기용한 책임이 있으니 어떻게든 방법을 강구할 거야. 어쩌면 나를 가르쳐서라도 재미있는 기사를 쓰게 만들려고 기를 쓰겠지? 인터뷰하는 요령을 알려 줄지도 몰라. 나로서도 배워서 손해 볼 일은 없지. 〈슈칸분슌〉은 제일 잘 팔리는 주간지가 아닌가? 잘나가는 직장에서 잘나가는 직원과 함께 일하는 것이 결코 마이너스일 리 없어. 잘 안 되더라도 잘리기밖에 더하겠어?'

마음을 고쳐먹고 며칠 후 편집장에게 이야기했다.

"하겠습니다. 잘 부탁합니다!"

하지만 막상 받아들이고 나니 불안이 엄습해왔다.

'아, 어쩌자고 승낙해버린 걸까? 잘하지도 못하면서….'

이런 불안감으로 가끔 한밤중에 깨면 쉽사리 잠들지 못했다. 대담자 앞에서 질문이 하나도 떠오르지 않아 눈물을 터트리기 직전까지 몰리는 꿈을 몇 번이나 꿨는지 모른다. 가위눌림을 경험한 것도 그 무렵이었다.

어느 밤, 뭔가가 내 몸을 누른다는 압박감에 견디지 못하고 잠에서 깼다. 정신을 차리고 보니 누워 있는 내 몸 위에 올라타고 있는 건 몸집이 큰 사내였다.

"뭐 하는 짓이에요? 무거워요. 비켜요!"

거구의 사내에게서 벗어나려고 발버둥을 치다가 그의 얼굴을 보니 아놀드 슈왈제네거가 아닌가! 지금까지 열렬한 팬도 아니었는데 가위눌림인지 개꿈인지 알 수 없었다. 하나도 야하지 않았지만 괜스레 얼굴이 붉어지는 정말로 요상한 한밤중의 경험을 겪은 이후 나는 아놀드의 팬이 되었다.

쓸데없는 이야기를 해버렸네. 그게…. 그러니까….

아무튼 내가 당시에 바라던 유능한 인터뷰어는 상대방의 말문이 막힐 만큼 예리한 질문을 가차 없이 날리면서도 끝까지 냉정을 유지한 채 멋지게 반격하는 사람이었다. 그래서 '이건 내게 무리야.'라고 생각할 수밖에 없었다.

나는 그동안 똑똑해 보이는 얼굴(어릴 때부터 얼굴만큼은 줄곧 영리해 보인다고 들어왔다)로 뉴스 프로그램에도 출연했지만, 가족들 사이에서는 '상식도, 교양도, 지식도, 한자도, 속담도 아무것도 모르는 딸내미', '세상 물정 모르는 사람'으로 평가되곤 했다.

"누나도 참 대단해. 10년 전부터 알고 있었다는 태연한 얼굴로 텔레비전에 나오네."

남동생에게 사기꾼 취급을 당하기도 했다. 분했지만 정곡을 찔린 것이다.

이런 내가 각계의 전문가와 성공한 유명 인사를 상대로 어떤 이야기를 끌어낼 수 있단 말인가.

"아무래도 자신이 없습니다. 저는 데이브 스펙터 씨처럼 날 선 진행은 못 해요."

〈슈칸분슌〉 대담 코너의 전임자는 일본에서 외국인 탤런트로 유명한 데이브 스펙터였다. 그의 'TOKYO 재판'이라는 대담 연재는 특유의 진행 방식이 아주 절묘해서 독자의 반향도 컸고 재미있기로 유명했다. 하지만 지나치게 날카롭고 집요한 탓에 게스트가 출연을 꺼려 섭외가 어려웠다. 그로 인해 코너를 종료하게 되었다고 소문이 돌았다. 하지만 나는 데이브 스펙터 씨의 인터뷰를 읽으며 탄복해왔기에 그런 대담을 원한다면 내 짧은 지식이나 경험으로는 도저히 불가능하다고 편집장에게 직접 하소연했다. 그러자 편집장은 미소를 띤 얼굴로 말했다.

"아가와 씨는 아가와 씨다운 대담을 해주시면 돼요."

'아가와다운 대담? 그건 뭐지?'

다시 집으로 돌아와 생각에 잠겼다. 한참을 고민하는데 불현듯 한 가지 일이 떠올랐다.

입이 절로 열리게 하라

〈슈칸분슌〉의 대담 코너를 담당하기 전, 모 계간지에서 '요즘 핫한 남자들'이라는 주제로 인터뷰를 진행했다. 계간지라서 1년에 네 명만 취재하면 되는 한정 기획이었다. 3년 동안 총 열두 명을 소개하는 인터뷰로 소설가 시로야마 사부로가 두 번째 게스트였다.

그가 번역한 《인생의 고비마다 CEO 아버지가 답하다》라는 책이 베스트셀러에 올랐기에 이것을 중심으로 인터뷰하면 되겠구나 싶었다. 첫 대면인 시로야마 작가에게 인사를 건네고 바로 이야기를 꺼냈다.

"이 책, 진짜 재미있었어요."

나는 책 읽는 속도가 무척 느린 편인데 웬일인지 끝까지 술술 읽혔고 재미있었다. 성공한 캐나다 기업인이 아들에게 앞으로 사회에서 겪게 될 일과 인생을 냉정하면서도 따듯하고 유머러스하게 조언하는 내용이었다. 주름진 얼굴을 한 시로야마 작가는 '재미있었다'라고 말하는 나에게 빙그레 미소를 보였다.

"그래요? 어떤 점이요?"

'음…. 어디라고 말해야 하나….'

분명 책을 읽었지만 괜한 소리를 해서 공연히 기분을 상하게 할 수도 있다는 생각에 뭐라고 답해야 할지 망설여졌다.

"그러니까, 그게…. 아버지가 아들에게 보내는 편지 형식이지만 여자인 제가 읽어도 공감되더라고요. 비즈니스맨을 위한 조언이라기보다는 인간으로서 어떻게 살지 알려주는 교훈이 많았어요. 그래서 여성이나 아이들이 읽어도 좋은 책이라고 생각해요."

"그렇군요. 그리고요?"

'그리고요?' 뭘 더 이야기해야 하나 싶었지만 일단 대답했다.

"그리고…. 마지막 에피소드가 좋았어요. 탐욕에 대해 이야기하는 부분이요. 아무리 배가 고파도 사람을 밀치면서까지 음식에 달려드는 모습은 꼴불견이다. 인생도 마찬가지며 아무리 욕심이 나도 주위에 해를 끼치면서까지 손에 넣으려는 품격 떨어지는 행동은 해서는 안 된다는 내용이 기억에 남아요."

내 이야기를 듣고 그는 다시 방긋 웃으며 말했다.

"참 괜찮은 독자시군요."

인자한 미소에 매료된 건지 몰라도 그가 좋아하는 모습이 더 보고 싶어졌다.

"그리고 말이죠…. 또…."하고 이야기를 이어가려는데 아차 싶었다.

'아이고, 이야기 들으러 와놓고 뭐 하는 거지? 수다 떨 때가 아니야.'

마음을 고쳐먹고 다시 이야기를 꺼냈다.

"작가님도 아드님이 있다고 들었어요. 아버지로서 어떤 조언을 해주시나요?"

"우리 부자는 좀 데면데면해요. 조언 같은 건 별로…. 아가와 씨 아버지는 어때요?"

"저요? 우리 아버지는 자식이 하는 일이면 뭐가 못마땅하신지 사사건건 트집을 잡으세요. 에효, 그래서 다툼이 끊이질 않아요."

'어머, 또 내 이야기를 하고 말았네.'

다시 정신을 차리고 질문했다.

"그럼, 따님은요? 딸이면 좀 각별하잖아요?"

이야기를 돌리니 그가 또 살며시 웃었다.

"딸아이하고도 데면데면해요. 한번은 택시를 탔는데 길이 너무 막히는 거죠. 기사 양반이 미안한지 '손님, 바쁜 일은 없으세요?' 라고 묻길래 '아닙니다. 크게 바쁜 일은 아니에요.'라고 했죠. '무슨 일이신가요?'라고 또 묻길래 '실은 딸 결혼식이에요.'라고 했더니 기사 양반이 놀라며 꾸짖으시더군요. 딸 결혼인데 그렇게 느긋하냐면서 혼났어요."

이런 에피소드를 들려주고는 슬쩍 내게 물었다.

"아가와 씨도 아버지 때문에 힘들죠?"

이 질문에 홀라당 넘어가고 말았다.

"맞아요. 힘들어요. 글쎄, 우리 아버지는요…."

애써 수습해 둔 정신을 놓고 아버지의 간섭이 얼마나 심한지 늘어놓기 시작했다.

대학생 때, 테니스 동호회 남자 선배에게 온 전화를 아버지가 받아 주신 적이 있다. 전화 통화를 마치자 아버지의 집요한 추궁이 시작됐다.

"사귀는 사람이냐?"

"그냥 선배예요."

"몇 살이야?"

"두 살 많아요."

"나이는 좀 더 차이 나는 사람이 좋겠어."

아버지는 사귀는 사이도 아닐 뿐더러 결혼을 생각해 본 적도 없는 죄 없는 선배에게 적의를 품으셨다. 이런 일도 있었다. 내가 일사병으로 복통을 호소하며 자고 있었는데 문밖에서 아버지의 말소리가 들렸다.

"산부인과 가야 하는 거 아냐? 산부인과 말이야!"

그때는 무슨 말인지 몰라서 잠자코 있었다. 복통이 나은 후에 무슨 말씀이냐고 따지듯 물었더니 콧방귀를 뀌며 "여자가 배가 아프면 뭐야? 뻔하잖아!"라고 답했다. 이 대답에 나도 참 어이없게 '아, 그런 건가?' 하고 수긍하고 말았다는 이야기.

"참 재미있는 분이시군요. 그래서요?"

그가 재촉하는 바람에 집안의 숨기고 싶은 이야기까지 구구절절 말하지 않고는 배길 수가 없었다.

이렇게 두 시간이 지나고 시로야마 작가는 만면에 미소를 보이며 자리를 떴다.

아차 싶어 '내가 질문을 몇 개나 했지?' 하고 떠올리는데 잡지사 편집장이 딱하다는 표정으로 말했다.

"오늘은 아가와 씨 혼자 떠들었네요."

이야기하고 싶게 만들어라

〈슈칸분슌〉 편집장에게 '아가와다운 대담'을 하라는 말을 듣고 어떤 일화가 떠올랐다.

나는 왜 시로야마 작가 앞에서 주저리주저리 이야기를 늘어놓은 걸까? 이 부분만 보면 인터뷰어로서 실격이다. 하지만 늘 그랬던 것은 아니다.

첫 번째 게스트였던 소설가 가이코 겐은 달랐다. 자택의 현관에 들어서면서부터 두 시간 후 휴식 시간까지 줄곧 가이코 작가의 독무대였다. 나는 그저 고개를 끄덕이기만 하면 됐다. 덕분에 '인터뷰는 정말 편한 일이구나'라고 생각하며 취재를 마쳤다. 이런 경험을 거친 뒤 시로야마 작가를 만난 것이다.

그러니 편집장이 "오늘은 아가와 씨 혼자 떠들었네요."라고 말한 배경에는 "요전에는 한마디도 않더니…."라는 비꼼이 숨겨져 있었다. 어쨌든 두 번 다 인터뷰어로서 한심한 모습을 보여줬다. 가이코 작가 앞에서는 꿀 먹은 벙어리, 시로야마 작가 앞에서는 수다쟁이. 왜 이렇게 된 걸까?

나중에서야 가이코 작가는 '말할' 줄 아는 사람이고, 시로야마 작가는 '들을' 줄 아는 사람이라는 사실을 깨달았다.

나는 왜 시로야마 작가 앞에서 정신줄까지 놓으며 수다를 늘어놓은 걸까?

결코 날카로운 추궁이나 놀랄 만큼 의표를 찌르는 질문은 없었다. 그저 "그렇군요.", "그래서요?", "재미있군요.", "왜요?", "그리고요?"라고 짧게 한마디를 던지고 나서 방긋 웃었을 뿐이다. 재미있다는 표정으로 나의 별 볼 일 없고 부끄럽기 짝이 없는 가정사를 차분히 들어줬다.

'그렇구나!'

나는 납득했다. 인터뷰는 가차 없이 상대를 몰아붙이는 방식만이 전부가 아니었다.

상대가 스스로 '이야기하고 싶다'라고 느끼게 해주는 것 또한 훌륭한 자질이다. 그래서 나는 '내 이야기를 이렇게 재미있게 들어주는데 무슨 이야기든 못 하겠어!'라는 느낌을 전달하며 인터뷰를 하겠다고 다짐했다.

아무래도 나는 날카로운 질문으로 이야기의 허점을 파고드는 방식의 인터뷰는 맞지 않는다. 풍부한 지식과 교양을 갖췄으면서도 거들먹거리지 않고 시종일관 온화하고 다정다감한 모습을 보인 시로야마 작가. 그와 감히 비교할 순 없지만, 상대의 이야기를 재미있게 듣는 일 정도는 나도 할 수 있지 않을까? 아니, 이 방법밖에 없었다.

이렇게 궁지에 몰린 끝에 '시로야마 작가 본받기'라는 목표가 생겼다. 비로소 나도 할 수 있겠다는 실낱같은 용기가 솟아났다.

꼬리에 꼬리를 물고 질문을 던져라

"우리가 하는 미디어 일이란 게 인터뷰로 시작해서 인터뷰로 끝나요."

방송일을 시작할 무렵, 어느 신문기자가 해준 말인데 공감이 된다.

흔히 요리사들이 계란말이로 시작해서 계란말이로 끝난다고 하는 것과 같은 맥락이다. 요리를 배우면서 가장 먼저 만들어보는 음식이 계란말이지만 요리사가 돼서도 완벽한 계란말이를 만들기란 어렵다고 한다. 그만큼 간단해 보이는 계란말이가 심오한 음식이라는 의미이다.

방송일을 하면서 처음 도전한 일은 일기예보를 위해 기상협회와 전화 인터뷰를 하는 일이었다. 이 일이 조금 익숙해지고 난 뒤 거리로 나가 인터뷰 따는 일을 했다.

모르는 사람의 가는 길을 막고 질문해서 필요한 정보를 뽑아내야 했다. 처음에는 부끄럽고 두렵기도 해서 목소리가 바들바들 떨렸다.

"저어…. 죄송합니다만…."

"아, 바빠요!"

본론은 꺼내지도 못한 채 매몰차게 거절당하기 일쑤였다.

"죄송합니다. 다름이 아니라 저는 TBS '정보 데스크 투데이' 방송의 아가와입니다. 월요일부터 수요일까지 매일 밤 열 시 반에 시작하는 방송인데요. 메인 아나운서는 아키모토 씨이고요. 근데 이번 방송에서…."

이렇게 자기소개를 하다 보면 상대는 사라지고 없었다. 소개는 생략하고 본론부터 말하라고 다그치는 PD의 말에 그건 좀 무례하다고 생각했다. 하지만 인터뷰를 하려면 어쩔 도리가 없었다. 무작정 팔을 뻗어 길을 막고 본론부터 이야기했다.

"실례합니다만, 다니시는 회사가 도산 위기에 처해 있다고 생각해 본 적은 없나요?"

"뭐야, 이 사람. 정말 무례하군!"

아니나 다를까 상대는 화를 냈다. 하지만 이렇게 "실례합니다만…."을 반복하다 보면 친절한 분도 있게 마련이어서 몇몇 사람은 참을성 있게 이야기를 듣고 답변해 줬다. 백여 명의 행인에게 인터뷰 요청을 하면 대다수는 거절하고 어렵사리 답변을 들었다고 해도 겨우 두세 명만 방송에 채택된다.

'내 고생은 다 어디로 갔지?'라는 생각도 들지만 모르는 사람에게 질문하는 횟수가 늘면 늘수록 확실히 훈련은 됐다. 동시에 대놓고 싫은 내색을 해도 주눅 들지 않는 뻔뻔함도 늘었다. 하지만 여전히 부끄러운 일이기는 하다.

우리는 누구나 '인터뷰어'이고 '인터뷰이'이다

나와 같은 전문 인터뷰어가 아니더라도 누구나 인터뷰를 한다.

인터뷰란, 쉽게 말하면 '질의응답'이다. 보다 일상적으로 접근하면 '대화'이다.

회사에서 상사나 부하와 대화할 때, 퇴근 후 술집에서 동료와 이야기를 나눌 때, 거래처 담당자를 설득할 때, 집에서 가족의 고민을 들을 때, 아내의 수다 상대가 될 때, 자식의 속마음이 궁금할 때, 친구를 사귈 때, 좋아하는 사람에게 고백할 때, 이웃을 만났을 때, 엄마끼리 모임을 가질 때 등 인간은 다양한 상황에서 인터뷰하거나 당해야 한다. 말하자면 인간의 삶은 누구든 '인터뷰'로 시작해서 '인터뷰'로 끝난다 해도 과언이 아니다.

물론 현대사회는 일어나서 잠들 때까지 한마디도 하지 않고 살 수 있는 세상이기도 하다. 마트에 가도 "어서 오세요. 오늘은 뭐로 드릴까요?"라는 인사를 받을 일도 없고 세상 이야기나 근황을 나눌 필요도 없다. 그저 필요한 물건만 장바구니에 담아 계산대로 가서 "어서 오세요."라고 하든 "감사합니다."라고 하든 묵묵히 고개만 끄덕이다가 집으로 돌아올 수도 있다. 굳이 말을 하지 않아도 "카드를 제거해 주세요.", "주차권을 넣어 주세요."라며 기계가 상냥하게 안내해 주니 허전하다는 생각도 들지 않는다.

세상 참 편리해졌다. 타인과의 소통을 위해 머리를 써야 하는 상황이 점점 줄고 있으니 말이다. 듣고 싶지 않지만 잘 알다시피 사무실뿐 아니라 가정에서도 메신저로 의견을 주고받는 사람이 많아졌다.

"보세요들. 그렇게 말하기가 싫으세요(실례했습니다. 나도 모르게 그만 감정적으로 되어 버렸네요)?"

하지만 나는 메신저 대화와 실제 대화는 엄연히 다르다고 생각한다.

"이번 기획서 작성이 지체되고 있는데 신속히 정리해서 부장께 제출해 주세요. 저는 다른 안건을 정리해야 해서 바쁩니다. 죄송합니다만 협조 부탁합니다."

동료에게 이런 메시지를 받으면 어떤 생각이 들까?

'뭐야. 지체된 이유는 당신이 우물거리고 결정을 못 해서잖아. 신속히? 협조? 이런 말투가 어디를 봐서 부탁이야?'

죄송하다는 말이 전혀 와닿지 않고 오히려 화를 키우는 상황으로 번진다. 상대방도 이런 기분으로 회신을 하려니 말이 딱딱할 수밖에 없다.

"알겠습니다. 하지만 신속히 하라고 하시는데, 저도 업무의 우선순위가 있습니다. 언제까지 제출하라는 건지 확실히 정해 주세요."

이런 식으로 메시지를 주고받다 보면 분위기가 험악해져 어느새 갈등으로 번지기 쉽다. 반면에 실제 얼굴을 마주 보고 이야기하는 상황이라면 어떨까?

"그런데요. 이번 기획서 작성이 영 늦어져서요…."

다급한 얼굴로 어렵게 말을 꺼낸다. 초조함으로 이마에는 땀방울도 맺혔다. 이 모습을 본 상대는 사태의 심각성을 직감한다.

"죄송하지만 가능한 한 빨리 정리해서 부장님께 제출해 주시겠어요? 실은 제가 정리해야 할 안건이 하나 더 있어서…. 정말 죄송합니다!"

두 손을 모으고 울먹이며 간절히 머리까지 조아리면 쉽게 거절할 수 없다. 이렇게까지 애원하면 어쩔 도리가 없다. 이 사람 때문에 기획서가 늦어졌지만 이번만 봐주자는 생각이 든다.

이처럼 표정과 몸짓이 섞인 이야기는 화면의 문자와 비교하면 확연히 다른 인상을 준다.

"자기는 날 어떻게 생각해?"

여자가 애교 섞인 목소리로 묻는다.

"글쎄."

남자가 여자를 꼭 껴안으며 빙그레 웃으며 말한다.

이런 상황을 메시지로 연출한다면 어떨까?

"자기는 날 어떻게 생각해?"

"글쎄."

이런 무심한 반응은 없다며 애정이 식어버릴지도 모른다. 내 남자친구라면 한동안 그 말투를 트집 잡아 괴롭힐 것이다.

이런 오해를 막기 위해 요즘에는 다들 이모티콘을 사용한다. 즉 '글쎄' 뒤에 웃는 얼굴의 이모티콘을 덧붙이면 무뚝뚝한 인상을 막을 수 있다.

"다 큰 어른이 게다가 남자가 문장 끝마다 일일이 하트나 쑥스러워하는 얼굴의 이모티콘을 붙이는 건 좀 이상하지 않아?"

친구들에게 이런 점을 지적했더니 이후 내가 받는 메시지에는 이모티콘이 사라졌다. 담백하지만 애정이라고는 느낄 수 없는 문장이 온다. 내가 말한 결과인데도 한편으로 섭섭하다는 생각이 든다. 왜일까?

'무슨 말을 하려고 했더라? 이야기가 새버렸네. 아, 인터뷰가 일상적인 대화와 다르지 않다는 이야기였지….'

모든 경험은
의미가 있다

숱한 첫 대면의 경험들이 인터뷰 일을 위한 예행 연습은 아니었을까.

나는 맞선을 참 많이도 보았다. 한 번도 결혼으로 이어진 적은 없지만 맞선 자리가 결코 쓸데없는 짓은 아니었다.

"취미가 있으세요?"

"네, 독서를 좋아해요."

"어머, 근사하군요. 어떤 책을 좋아하시죠?"

"근사하다고 하시니 쑥스럽네요. 추리소설을 많이 봐요."

"그러시구나. 외국 작가? 아니면 국내 작가?"

신께서 내게 그토록 많은 맞선 자리를 제공해 주신 이유는 어쩌면 결혼하라는 의미였을지도 모른다. 이걸 왜 이제야 깨닫는 것인지. 어쨌든 요즘 젊은이들은 맞선 따위는 잘 보지 않겠지만, 대신 소개팅이나 미팅이 있다. 미팅이야말로 인터뷰를 연습하기 위한 최적의 훈련장이다. 게다가 게스트가 여럿이지 않은가. 같은 질문을 눈앞의 세 명에게 던져보면 답변에 따라 그 사람의 성향을 알 수 있다. 사용하는 단어와 동작에 따라 답변이 어떻게 달라지는지, 반대로 상대가 어떤 식으로 질문하는지 관찰하는 재미가 흥미진진하다.

짝을 찾지 못하면 어떤가. 시간 낭비만 했다고 낙담할 필요는 없다. 이 경험이 언젠가 도움이 되는 날이 반드시 온다. 나처럼(뭐라고요? 그건 하나도 기쁘지 않다고요?).

누구나 자기 이야기를 들어주길 바란다

“저는 말수가 적어요.”

“저는 말재주가 없어서 이야기를 즐기지 않아요.”

이렇게 말하며 선을 긋는 사람들이 있다. 하지만 나는 그들의 말을 곧이곧대로 믿지 않는다. 말이 유창하지 않은 사람은 있을 수 있지만, 자기 이야기를 하고 들어주길 바라지 않는 사람은 없기 때문이다.

주로 경제 소설을 집필하는 다카토 가즈오 작가의 《전직轉職》이라는 작품이 있다. 그가 샐러리맨 생활을 그만두고 쓴 르포 에세이다. 작가로 살기를 결심하고 쉰 살까지 대기업에서 퇴사한 경험을 바탕으로 퇴직, 구조 조정, 실직으로 인생이 급변한 남자들과 그들의 아내를 취재한 내용을 담고 있다.

다카토 작가가 직접 책을 보내 줬는데 시작부터 너무 재미있었다. 읽는 도중에 '풋' 하고 웃음이 터졌다. 남자와 여자가 이렇게까지 다른지 몰랐기 때문이다.

책의 내용을 간단히 소개하면 다음과 같다.

남편이 회사를 그만두고 매일 집에서만 시간을 보낸다. 그러자 얼마 되지 않아 아내의 몸 상태가 나빠진다. 두드러기가 생기고 식욕이 떨어졌으며 걸핏하면 감기에 걸렸다. 원인을 알 수 없어 병원에 갔더니 의사가 진단을 내렸다.

"이건 스트레스 때문이네요."

"네? 스트레스요?"

"네. 남편분이 집에 계셔서 생긴 스트레스입니다."

이 말을 들은 남편은 말이 지나치다며 버럭 화를 냈다. 하지만 아내 처지에서 보면 지난 40년간 남편이 아침 일찍 나가서 밤늦게까지 집에 없는 삶을 살아왔다. 아내는 집안일을 하면서도 원하는 만큼 전화로 친구와 수다를 떨고 원하는 시간에 좋아하는 드라마도 실컷 볼 수 있었다. 식사도 세끼 모두 챙길 필요가 없었으며, 남편의 귀가가 늦는 날이면 느긋하게 외출을 즐기기도 했다. 그런데 남편이 퇴직하자 생활 리듬이 꼬이기 시작했다. 친구와 전화 통화라도 하고 있으면 '아직도 통화 중이야?'라는 식으로 눈을 흘기는 남편이 신경 쓰여 마음 놓고 수다도 못 떨었다. TV 리모컨은 항상 남편이 쥐고 있어 보고 싶은 드라마도 볼 수 없었다. 답답한 마음에 외출이라도 할라치면 현관까지 졸졸 따라온 남편이 "또 어디 가? 오늘은 누구 만나? 몇 시에 돌아와? 밥은?" 하고 성가시게 캐물었다.

"그래서 생긴 스트레스가 몸에 나타나는 거예요."

남편도 나름 할 말은 있었다.

남편은 회사를 그만두고 비로소 알게 된 몇 가지 사실이 있었다. 그중에서 가장 충격적인 일은 아내가 매일같이 외출한다는 사실이다. 물론 외출하지 말라는 이야기가 아니다. 많아야 한 주에 두어 번 정도겠지 짐작했던 것이다. 평소에는 집안일을 하며 가족의 귀가를 기다리는 것이 아내의 사명이라고 믿었는데 배신 당했다는 기분마저 들었다는 것이다.

이런 부부의 일상을 취재하다 보니 다카토 작가는 남의 일이 아니라는 생각이 들었다.

하루는 집에 틀어박혀 자리만 차지하고 있으면 아내가 불편하겠다는 생각이 들어 산책을 나왔다. 저만치 골목길 모퉁이에서 이웃 아주머니들이 모여 이야기 나누는 모습이 보였다. '뭐가 그리 재밌을까?' 하고 슬쩍 쳐다보며 지나쳤다. 한 시간 남짓 주변을 걷다가 다시 아까 그 골목길 모퉁이로 돌아왔는데 조금 전 아주머니들이 여전히 이야기를 나누고 있는 게 아닌가?

집에 돌아온 다카토 작가는 자신이 본 걸 아내에게 얘기했다.

"놀랄 일이야. 어째서 여자들은 할 이야기가 그렇게 많은 건지. 게다가 유쾌한 웃음이 끊이지 않고 말이야. 그 정도로 수다를 떨면 스트레스가 쌓일 틈이 없을 거야. 여자들이 부러워."

"그럼, 남자들도 수다를 떨면 되잖아."

이 말에 다카토 작가는 다시 한번 놀랐다. 남자에게 수다쟁이가 되라고? 남자는 흉내조차 못 낼 것이다. 이제껏 조직 생활을 하면서 “가능한 한 말을 줄여라.”라는 교육을 오랫동안 주입 당해 왔다. 이렇게 말하니 아내가 응수했다.

“대신에 남자들은 술을 마시잖아. 친구들과 술자리도 즐기고, 거기다 예쁜 아가씨가 있는 술집도 가지 않나? 그런 곳에서 스트레스를 풀잖아.”

다카토 작가는 큰 오해라며 발끈했다. 남자들에게 술은 여자들의 수다만큼 즐겁지 않다. 부하 직원의 하소연을 들어야 하고, 상사 눈치를 봐야 하고, 동료를 다독여야 하는 자리다. 사회생활을 이어가기 위한 처세의 자리인 셈이다. 때로는 접대를 위해, 때로는 업무 전략을 짜기 위해 술잔을 나눈다. 마냥 취해 즐길 수만은 없다.

대략 이런 내용의 책이었다. 이 책의 마지막 페이지를 덮은 뒤 나는 폭소를 터트리고 말았다. 남성들의 절박함이 느껴졌다. 그랬구나. 남자들이 쓸데없는 말은 하지 말라는 교육을 받는지 미처 몰랐다. 그러고 보니 입이 무거운 남자가 믿음직하기는 하다.

딱하게도 말이다.

이에 비해 여자는 조직에 들어가도, 성가신 일에 직면해도 장소나 상대에 따라 다르지만, 완전히 입을 다무는 경우는 흔하지 않다. 골치 아픈 일이 생기면 누군가에게 털어놓고 기분을 전환한다. 그렇게 하지 않고서는 견딜 수 없으니까.

다카토 작가의 책을 읽고 말하는 행위에 있어 남자와 여자가 놓인 환경이 얼마나 다른지 알게 됐다. 하지만 과묵한 남자라도 장소나 상대에 따라 말하는 방식이 다르다는 사실도 알고 있다.

"남편은 결혼 전에는 말이 없었어. 근데 결혼하고 보니 집에서는 엄청 말이 많지 뭐야. 나보다 더 수다스럽다니까. 이런 사람인 줄 전혀 몰랐어. 완전히 속았어!"

우스갯소리로 남편의 흉을 보는 친구가 있었다.

나도 몇 번이나 속은 적이 있다.

"아가와 씨, 이번 게스트는 말이야, 입이 아주 무겁다네. 고생 좀 할 거야."

이런 말을 들으면 그냥 인터뷰고 뭐고 당장이라도 그만두고 싶어진다. 하지만 그럴 수 없는 노릇이기에 각오하고 나간다. 그리고 적절하게 친근함을 보이면서 아주 조심스럽게 다가간다.

“신기하네, 그 사람이 그렇게 말을 많이 하는 모습은 처음 봐요.”

함께 일하는 편집자가 이런 칭찬을 해주면 뛰어오를 듯이 기쁘다. 게스트가 “저는 말주변이 없는데 자꾸 이야기하게 되네요.”라고 말해 준다면 더할 나위 없는 영광이다. 물론 매번 마음을 열어주는 게스트만 만나는 건 아니다. 하지만 누군가가 나에게 최종 목표가 뭐냐고 묻는다면 이런 평가를 듣고 싶다.

“당신 얼굴을 보고 있으니 나도 모르게 말이 많아졌네요. 참 즐거웠어요.”

이야기에 집중하면 그 속에 질문거리가 있다

오랫동안 해 온 일임에도 불구하고 매번 인터뷰에 나설 때마다 두렵다. 함께 일해 온 동료들은 이런 내 모습을 보고 엄살을 피운다며 코웃음을 치지만 솔직한 심정이다.

'어떻게든 되겠지.'

최근에는 이렇게 호기를 부리는 날도 있긴 하지만 익숙함과는 거리가 멀다. 오히려 익숙해졌다고 생각하는 순간이 위험한 법이다. 그래서 게스트를 만날 때면 항상 초심을 잃지 않으려고 주의한다. 인터뷰 도중에 상대의 기분을 망치거나 사전 준비가 부족해서 이야기가 산으로 가면 곤란하니까.

무엇보다 알맹이 없는 인터뷰로 독자나 시청자의 기대를 저버리면 전부 내 책임이다.

"어떡하지? 아, 어떡하지?"

온갖 호들갑을 떨어도 누구도 동정해 주지 않는다.

초보 때는 정말로 긴장을 많이 했기에 지금보다 훨씬 성실했다. 불안감을 떨쳐 버리려고 미리 인터뷰 상황을 시뮬레이션해 보고 질문지를 여러 번 읽으며 만반의 준비를 했다.

대략 1번부터 20번까지 스무 개 정도의 질문을 엄선하여 질문지에 순서대로 메모해 두었다. 예를 들어 회사 대표와 인터뷰할 때는 대개 다음과 같다.

"사장에 취임한 지 2년째이신데 사장실 의자는 이제 좀 익숙하신가요?"

그러면 사장은 취임 후 그간의 소감을 이야기하게 된다. 그럼 다음 이야기 전개를 고려해서 2번 질문을 선별한다.

"사장에 취임하고 달라진 점이 있다면 무엇인가요?"

아무래도 취임하고 얼마 되지 않았다면 사내 혁신에 관해 이야기하고 싶어 한다. 그러면 3번 질문을 구상한다.

"올해로 창립 50주년을 맞이한다고 들었는데 그동안의 역사를 한번 되짚어 주시죠?"

상대가 기업인이라면 주로 이처럼 딱딱한 질문을 준비한다. 이런 요령으로 대담의 흐름을 나름대로 구상해서 답변까지 예상하는 등 사전 준비 작업만 잘해 두면 마음 든든하다. 이후는 질문지대로 진행하면 크게 문제없이 인터뷰를 마칠 수 있다고 믿었다.

인터뷰 당일, 넓은 사장실로 안내받고 커다란 소파에 앉아 무릎에 질문지를 올려 둔 채 인사했다.

"잘 부탁드립니다."

사장은 얼굴에 미소를 띠며 대각선 방향 앞자리에 앉았다.

"그럼, 먼저…."

예상 질문지 맨 위의 1번 질문을 한다.

"사장실 의자요? 그게 참 익숙해지지 않네요. 일단 나한테 너무 커요."

다행히 성실히 답변해 준다. 게다가 싱글벙글 웃는 얼굴이다.

안도감에 한숨 돌리며 몰래 질문지를 힐끔 보았다. 다음 질문이 뭐였더라? 아, 이거구나. 근데 3번 질문을 먼저 하는 게 좋을 거 같은데…. 어쩌지?

사장의 말에 '네에', '어머나', '그렇군요', '아이고' 등으로 맞장구를 치면서도 머릿속은 혼돈의 도가니다. 이야기가 곧 끝날 것 같은데 어떡하지? 다음 질문을 정해야 하는데…. 그냥 순서대로 하자.

"사장에 취임하고 달라진 점이 있다면 무엇인가요?"

'어? 왜 묵묵부답이지? 뭐라고 할지 생각하고 있나? 침묵이 길어지는데 다음 질문으로 넘어갈까?'

질문지를 다시 힐끔 쳐다보았다.

"음…. 달라진 점이요? 스스로 달라진 건 없는데 회사는 큰 개혁이 있었죠. 그런데 제가 제안한 건 아니고 전임 대표께서 계획한 일이라서…."

오호라, 이야기가 잘 풀리고 있어. 좋아! 그렇다면 창립 50주년 이야기 말고 전임 대표 이야기를 물어볼까? 이건 좀 나중에 물어보려고 했는데…. 어떡하지? 바꾸는 게 나을까? 다시 질문지를 힐끔거렸다.

이렇게 다음 질문만 생각하고 있자니 정작 중요한 사장의 이야기는 귀에 들어오지 않는다. 아니, 아예 듣지 않고 있다고 해야 맞다. 대답에 맞장구치고는 있지만, 머릿속은 내가 할 질문으로 가득 차 있다. 상대가 내 질문에 따라 꼬박꼬박 답변해 주는지에만 집중하느라 정작 중요한 이야기의 내용은 이해하려고 하지 않는다. 이런 식으로 상대의 이야기는 듣지 않고 질문만 하고 있으니 대화가 자연스러울 리 없다.

"지금은 회사의 대표지만 신입사원 때는 아무것도 몰랐죠. 정말 한심했어요. 그때의 저를 기억하는 직원들은 왜 당신이 사장이 된 거냐고 생각할지도 몰라요."

질문지에 적어 둔 질문에만 정신이 팔려 사장이 모처럼 속마음을 말해도 감흥이 없다.

"네에, 네에."

건성으로 답하고 질문지에 적힌 질문을 그대로 읽는다.

"그럼, 취미는 있으신가요?"

사장이 다소 놀라지만 친절히 답해 준다.

"취미요? 등산을 좋아해요. 얼마 전에도 다녀왔어요."

나는 고개를 한 번 끄덕이고 다시 묻는다.

"사장이 되고 나서 가장 힘든 업무는 뭔가요?"

다시 사장직에 관한 이야기로 화제를 바꾼다. 질문지에 적어 뒀는데 깜빡 묻지 못하고 넘긴 탓이다. 사장으로서는 취미를 물어서 이제 사적인 이야기로 넘어가나보다 했을 텐데 다시 업무 이야기를 물어보니 황당할 따름이었을 것이다.

이렇게 맥락 없는 인터뷰를 했을 때 게스트는 어떤 기분이 들었겠는가.

질문은 세 개면 충분하다

초보 시절, 선배 아나운서의 저서에서 무척 흥미로운 내용을 발견했다.

"인터뷰할 때 질문은 하나만 준비하세요."

말도 안 된다며 웃어넘겼다. 당시 나는 질문을 스무 개나 준비하던 시절이었다. 딸랑 하나 준비해 둔 질문에 답변을 듣고 "네, 감사했습니다. 그럼 안녕히…." 하고 인터뷰를 마쳐야 한단 말인가? 생각만 해도 끔찍했다.

하지만 선배의 책에는 이런 설명이 덧붙여 있었다.

"질문을 하나만 준비하면 당연히 그 자리에서 다음 질문을 생각해내야 합니다. 다음 질문을 찾기 위한 힌트는 어디에 숨겨져 있을까요? 바로 첫 번째 질문에 대한 상대의 답변에서 찾을 수 있습니다. 그러므로 질문자는 상대의 이야기에 귀를 기울여야 합니다. 상대의 이야기에 집중하면 반드시 다음 질문을 찾을 수 있습니다."

'바로 그거구나!'

눈이 번쩍하고 떠졌다. 질문을 한다. 답변을 듣는다. 그 답변에서 의문점을 찾아 다음 질문을 한다. 다시 답변을 듣는다. 그 답변에서 또 다음 질문을 찾는다. 마치 꼬리에 꼬리를 물듯 자연스럽게 대화를 이어가는 인터뷰가 중요하다는 의미였다.

예를 들어 게스트가 "지금은 별로 고민이 없어요."라고 답했다고 하자. 바로 다음 질문이 떠오르지 않는가?

"지금은 고민이 없다는 것은 전에는 고민이 많았다는 거군요? 어떻게 이겨내셨나요? 특별한 계기가 있다면 뭔가요? 전에는 주로 어떤 고민을 했나요?"

얼마든지 질문거리를 찾을 수 있다. 말하는 쪽도 "지금은 별로 고민이 없어요."라고 말했을 때는 나름 여러 가지 생각을 했을 것이다.

'그러고 보니 요즘에는 특별한 고민이 없어. 왜일까? 예전에는 참 힘들었는데…. 내가 강해진 걸까? 아마도 그분의 충고가 날 강하게 만들어줬을 거야. 그러고 보니 충고해주신 분은 잘 지내고 계실까? 참 재미있는 분이셨는데.'

이런 기분에 잠긴 상대에게 다음 질문으로 "좋아하는 색은 뭔가요?"라고 물으면 머릿속이 뒤죽박죽 엉망이 될 게 뻔하다.

'갑자기 뭐지? 힘든 시절을 떠올리게 해놓고 이런 질문을 한다고?'

반면, 답변과 관련된 내용을 다음 질문으로 던지면 훨씬 풍성하고 일관성 있는 이야기로 이끌 수 있다. 질문하지 않았다면 몰랐을 옛 기억이 불쑥 떠오르게 만들 수도 있다.

아무리 그래도 '질문은 한 개만 준비하라'는 선배의 가르침을 곧장 실천할 수는 없었다. 대신 질문지의 항목을 조금씩 줄여나갔다. 스무 개에서 열 개로 줄이고 열 개를 다섯 개로 간추렸다. 무릎에 올려둔 질문지도 가능한 한 보지 않으려고 노력하니 이제는 질문지조차 필요 없어졌다.

물론 지금도 질문을 한 개만 준비하면 아무래도 걱정이 된다. 질문을 머릿속에 세 개 정도 준비해서 인터뷰한다. 자료나 작품을 살펴보고 게스트의 삶의 방식, 생각, 인생의 전환기나 인간관계 등을 조사한다. 그리고 '이분께는 이때의 일을 물어보면 재미있겠어.', '왜 항상 큰 소리로 이야기할까?', '어릴 때 키워 준 할머니의 영향이 컸을지 몰라.' 등과 같이 궁금한 점을 중심으로 '데뷔 전 방황기', '큰 목소리의 비밀', '할머니'라는 세 가지 주제로 간추린다.

다만 어디까지나 질문자의 정보에서 생각해낸 주제에 불과하다. 어떻게 될지는 실제로 만나보지 않고는 알 수 없다. 할머니의 영향이 컸으리라고 생각했는데 사실은 어릴 때 떨어져 살던 아버지와 재회에서 받은 가르침이 큰 자극이 되었을 수 있다. 이럴 때는 그 자리에서 계획을 바꿔 아버지의 이야기를 집중해서 듣고 다음 질문을 한다.

질문을 하나만 준비하든 세 개를 준비하든 상대의 이야기에 귀를 기울이는 게 중요하다. 그래서 앞서 말한 바와 같이 언젠가부터 질문지를 준비하지 않게 되었다. 정치나 경제와 같이 어려운 주제를 논할 때나 혹은 외국 영화 감독이나 연출자, 배역의 이름이 기억나지 않을 때를 고려해 작은 메모지나 영화 팸플릿 등을 준비할 때는 있다. 하지만 그 외에는 가능한 한 질문지를 준비하지 않는다. 질문지가 눈앞에 있으면 '다른 질문이 있었는데…. 못 물어본 게 뭐지?' 하고 시선이 그쪽으로 자꾸 가게 마련이다.

인터뷰할 때 질문지를 힐끔거리며 불안한 모습을 보이면 게스트도 불안해진다. '내 이야기를 제대로 듣고 있는 걸까?' 하고 기분 나쁘게 생각할지도 모른다.

일대일로 나누는 대화는 생각보다 훨씬 섬세한 행위다. 눈빛 하나, 호흡 하나가 '나와 이야기하는 게 즐겁지 않나?'라는 의심을 불러온다. 이런 불안감을 상대에게 주지 않기 위해서라도 나는 가능한 한 불필요한 요소를 배제하고 '대화'에만 집중한다.

'나는 당신의 이야기에 귀를 기울이고 있어요.'라는 태도가 대화의 기본이기 때문이다.

아는 것도 궁금한 척하라

〈슈칸분슌〉의 경우 인터뷰 전, 담당 편집자가 게스트의 자료를 모아 보내준다. 대개 잡지나 신문의 인터뷰 기사이다. 만약 게스트가 소설가라면 저작물, 배우라면 출연작 동영상 등도 포함된다. 때로는 연극이나 영화 시사회를 직접 보러 가기도 한다. 게스트의 자료가 방대하면 담당자가 중요한 내용만 간추려 보내주는데 그런데도 감당하기 힘들 정도로 많을 때가 있다.

'설마…. 이걸 일주일 만에 다 보라고?' 하고 기겁한 적이 한두 번이 아니다.

다른 일과 스케줄이 꼬이면서 이런저런 이유로 자료를 모두 읽어볼 시간이 없을 때는 어떻게 해야 할까? 그럴 때는 우선순위를 정하고 포기할 건 포기해야 한다. 나는 주로 본인이 직접 쓴 책이나 출연작, 연주곡을 우선시한다. 물론 최소한 게스트의 프로필 정도는 머릿속에 넣어 둬야 하므로 과거 인터뷰 기사가 최우선이고 본인의 작품은 그다음이다. 왜냐하면 게스트는 이미 진행한 다른 매체와의 인터뷰보다 자신이 관여한 작품을 어떻게 평가하는지가 더 궁금하기 때문이다. 무엇보다 작품을 직접 살펴보면 생각지 못한 발견을 할 때가 많다.

예를 들어 어떤 작가와 인터뷰하기로 했는데 그의 소설을 세 권 정도 읽어보니 항상 기가 센 여자가 등장하는 것을 발견했다. 그러면 인터뷰 때 좋은 질문거리가 된다.

바이올리니스트 스와나이 아키코와의 인터뷰가 결정되고 그녀의 데뷔작부터 몇 장의 CD를 들어봤다. 다른 연주곡과 달리 하나의 CD는 음색이 확연히 달랐다. 이 시기에 무슨 일이 있었던 걸까? 궁금해졌다. 단순히 연주법이 바뀐 걸까? 아니면 누군가와 사랑에라도 빠진 걸까? 인터뷰에서 이 궁금증을 해소하기 위해 조심스레 물어봤다.

“어쩜, 그걸 어떻게 아셨어요? 그 앨범부터 바이올린을 바꿨어요.”라는 답을 얻었다.

그 해부터 스트라디바리우스의 3대 명기 중 하나인 ‘돌핀’을 연주하게 되었다는 것이다. 악기에 따라 이렇게 소리가 다를 수 있음을 처음 알았다. 이 질문을 계기로 악기가 화제에 올랐다. 어렸을 때는 작은 바이올린으로 시작하지만, 성인이 되면서 바이올린도 커진다고 했다. 그렇게 악기가 커지면 음색의 깊이나 두께도 커진다고 알려줬다.

그렇다고 ‘어때요? 이래 봬도 썩 좋은 질문을 했죠?’라고 자랑할 생각은 털끝만큼도 없다. 다만 자신의 궁금점을 용기 내어 솔직하게 말하면 그만큼 상대가 하는 일에 주목하고 있음이 전달된다. 그로 인해 많은 자료를 검토하지 않아도 인터뷰가 쉽게 풀리기도 한다. 물론 게스트에게 점수를 딸 요량으로 고른 질문이지만 답변이 기대에 못 미치는 때도 있다.

모 여성 베스트셀러 작가와 인터뷰 때도 자료를 충분히 검토할 수 없는 상황이었다. 최근에 출판한 책이 화제를 모으고 있던 터라 담당 편집자에게 "아가와 씨, 다른 자료는 몰라도 이 책은 꼭 읽으세요."라는 조언을 들으며 상중하로 엮인 책을 건네받았다.

"네에, 네에."

이쯤이야 어렵지 않다는 식으로 쉽게 대답하고 돌아섰다. 그러나 막상 읽어보니 아무리 읽어도 진도가 나가지 않았다. 대하 소설급 장편이고 각각의 책은 다시 상하로 구성되어 있었다. 게다가 나는 독서 속도가 보통 사람보다 열 배나 느린 편이다. 완독은 커녕 상권의 중간까지도 읽지 못했는데 대담 당일이 내일로 닥쳐왔다.

'어쩌지? 아무래도 다 못 읽겠어.'

당황한 나는 어쩔 수 없는 심정으로 일부분만 발췌해 읽어나갔다. 그런데 이렇게 띄엄띄엄 읽는데도 감동적이어서 흐르는 눈물을 주체하지 못했다. 책장을 휙휙 넘기다가 잠시 멈춰서 읽고 다시 책장을 휙휙 넘겼다. 울다 지쳐서 졸음을 이기지 못하고 깜박 졸기도 했다. 화들짝 놀라 깨서는 몽롱한 머리로 다시 읽고 다시 울기를 반복했다.

"어디까지 읽었어요?"

다음 날 아침, 담당 편집자가 물었다.

"상권 열 페이지 정도는 제대로 읽었는데…. 그다음은 띄엄띄엄 읽었어요…."

이 말을 들은 담당 편집자 얼굴이 새파랗게 질렸다.

"띄엄띄엄 읽었지만, 너무 감동적이었어요. 네 번이나 울었는걸요."

상대를 안심시키려 했지만 이런 말이 불안감을 해소시켜 줄 리 없다. 마찬가지로 나도 불안과 공포에 부들부들 떨며 인터뷰 시간을 기다렸다.

게스트를 만나자마자 먼저 이렇게 말했다.

"작품이 너무 훌륭해요! 네 번이나 울었어요."

솔직히 책을 다 읽지 못하고 중간중간 끊어 읽었다고는 말할 수 없었다. 다만, 네 번 운 것은 거짓말이 아니었다. 훌륭한 작품이라고 생각한 것 또한 사실이다. 아무튼 게스트는 매우 흡족해했다. 그런 후에 소설을 구성하고 집필할 때 얼마나 힘들었는지 등 작품이 완성되기까지 있었던 감동적인 에피소드를 들을 수 있었다. 그날의 인터뷰는 성공적이었다.

물론 칭찬받을 행동은 아니다. 또한 인터뷰할 때 사전 준비가 별로 중요하지 않다는 의미도 아니다.

절대 그렇지 않으니 오해 없기를 바란다.

사전 준비가 중요하다. 하지만 자료를 모조리 읽고 머릿속에 넣어두면 안심은 되지만 동시에 방심할 우려도 있다.

'이거하고 이것만 물어보면 완벽해.'

시작도 하기 전에 이런 생각에 도달하면 이미 인터뷰를 끝낸 듯한 착각에 빠지기 쉽다. 또한 이미 알고 있는 정보에서 벗어나지 못하고 이야기를 나누면서 발견되는 의문이나 느낌을 살릴 수 없다. 현장의 감각을 등한시하며 자기만족에 빠진다.

그러므로 사전 준비는 적당히 하는 게 좋다. 최소한 결례가 되지 않을 정도의 정보만 머리에 넣어두고 나머지는 상대가 직접 채워 주도록 하자. 상대의 모든 것을 알고 있다는 착각에 빠지지 않도록 미지의 부분을 남겨두어야 채울 부분이 생긴다.

상대의 마음을 열려면 그가 고생해서 이뤄낸 작품이나 업적에 관심을 보이는 것이 좋다. "예전에 인터뷰하신 잡지를 봤는데 참 재미있었어요."라는 말보다 "당신의 글을 읽었는데 참 재미있었어요."라든가 "당신 연기를 봤는데 참 매력적이라고 생각했어요."라는 말을 들었을 때 훨씬 기쁜 법이다. 이런 칭찬을 듣는다면 무슨 이야기든 다 해도 될 것 같은 기분이 들지 않을까?

자료를 꼼꼼히 살펴보지 않고 인터뷰를 했던 나를 변호하는 것처럼 들릴지도 모른다. 하지만 게스트의 과거 경험이나 에피소드를 죄다 파악해서 인터뷰하면 자칫 듣는 이의 역할을 망각하고 선을 넘는 실수를 범할 수 있다.

"네에, 그러니까 그다음 날 감독님과 운명적으로 재회해서 영화를 제작하게 된 거네요."

질문자가 이런 식으로 이야기하면 어떤 기분이 들까?

'뭐지? 다 알고 있는 거야? 그럼 굳이 이야기하지 않아도 되겠군.'

누구나 자신의 이야기를 즐겁게 들어주기를 바란다. 그런데 상대가 이미 알고 있는 내용이라는 식으로 말하면 이야기할 맛이 나지 않는다. 대화가 무르익도록 분위기를 조성해도 모자랄 판에 오히려 찬물을 끼얹는 꼴이 되고 마는 것이다.

이런 의미에서 사전 준비는 적당히 하는 편이 좋다고 말하는 것이다. 절대 오해는 없길 바란다. 여담이지만 내가 띄엄띄엄 읽은 베스트셀러의 저자는 송구스럽게도 내가 작품을 다 읽고 인터뷰에 온 줄 알고 감동받았는지 훗날 담당 편집자에게 "근데 아가와 씨는 독신인가요? 소개해드리고 싶은 사람이 있어서요."라며 호감을 품고 인간적인 배려까지 해주셨다고 한다.

"작가님, 아가와 씨는 마흔이 넘었어요."

소개 상대가 삼십 대라는 담당 편집자의 말에 고마운 말씀은 일순간 거품처럼 사라졌다. 자업자득이다.

사소한 행동에서 대화의 소재가 발견된다

나는 인터뷰 전에 질문 세 가지 정도를 준비한다. 그렇다고 이들 질문에 지나치게 얽매이지는 않는다. 게스트를 실제로 만나면 예상치 못한 일이 일어나게 마련이다. 아무리 사전에 질문을 정하고 순서를 계획해도 한순간에 틀어지는 경우가 많다.

계획이 틀어지면 어떻게 해야 할까.

살짝 틀어진 정도라면 빨리 궤도를 수정해 준비했던 화제로 되돌리는 것이 하나의 방법이다. 그런데 오히려 궤도에서 벗어난 이야기가 더 재미있고 중요하다면? 무엇보다 게스트가 신명 나게 이야기하고 있다면? 이럴 때는 흘러가는 대로 두는 것도 나쁘지 않다. 이야기의 흐름을 살피면서 애초에 듣고 싶었던 이야기와 결부시키거나 시간이 되면 다시 처음 이야기로 돌리면 된다.

1997년 영화 〈HANA-BI〉의 감독과 주연을 맡아 베니스국제영화제 황금사자상을 수상한 기타노 다케시 감독과 인터뷰했을 때의 일이다. 당연히 수상 소식부터 물었다.

"감독님, 축하드려요. 기분이 어떠신가요?"

나는 수상 소감을 시작으로 영화 제작 뒷이야기, 코미디언에서 영화감독으로 변신한 후 유럽에서 인정받기까지 '변화의 삶'을 중심으로 이야기를 풀어갈 작정이었다. 물론 그가 당한 오토바이 사고 이야기도 크게 지장이 없는 범위에서 물어보려고 했다. 다만 제법 오래전에 겪은 사고라 본인이 별로 언급하고 싶지 않으리라 추측하긴 했다.

자리에 앉아 인사를 나누는데 매니저가 기타노 감독 앞에 물수건을 건네는 모습이 눈에 들어왔다. 대담 장소인 호텔의 서비스가 아니라 매니저가 미리 준비한 듯했다. 이 점이 다소 의아해서 첫 질문부터 궤도를 벗어나고 말았다.

"물수건을 항상 가지고 다니시나 보죠?"

"아, 네. 이게 없으면 곤란해요."

"왜죠?"

"눈이 금세 건조해지거든요."

3년 전 오토바이 사고의 후유증이었다. 그러고 보니 기타노 감독이 방송 녹화 중에 주머니에서 안약을 꺼내 눈에 넣는 장면을 목격한 적이 꽤 있었다. 사고 후유증으로 눈이 심하게 건조해서 물수건이나 안약을 지참했던 것이다.

상대방에 대한 세심한 관찰이 필요하다

사람들은 기타노 감독이 연예계에 복귀했으니 당연히 사고를 극복했다고 믿었다. 뿐만 아니라 영화감독으로서 더 큰 무대에서 활약하는 것을 보고 사고를 잊어갔다. 하지만 본인은 아직 신체적 정신적으로 완전히 벗어나지 못하고 있었던 것이다.

"아, 그랬군요."

이 정도 반응을 보이고 바로 화제를 바꿔 원래 준비한 영화제 수상 뒷이야기를 질문할 수도 있었다. 그런데 궁금증이 발동했다. 그래서 사고 후유증에 관한 질문을 계속해대고 말았다.

"그러시구나. 눈이 건조해지면 통증도 있나요? 물수건을 준비해 다니는 것도 수고스럽겠어요."

"주위 사람들은 다 나았다고 생각하시는데 개인적으로는 그렇지 않아요. 그 사고로 기타노 다케시는 끝났다고까지 생각했으니까."

순간 판도라의 상자를 연 듯한 기분이 들었다. 두려웠다. 상처를 들춰낼 생각은 없었지만 기타노 감독이 이렇게까지 입을 열어줬으니 조금 더 파고들어도 될 것 같았다. 그런데 더 이상 끈질기게 물고 늘어지지는 못했다.

기타노 감독의 말과 기분에 맞춰 "그렇군요.", "네에.", "아이고." 하며 묵묵히 이야기를 듣기만 했다. 필사적으로 듣는 데 집중했다. 이런 귀중한 이야기를 어떻게 안 들을 수 있단 말인가.

"사고 전에는 꽃집이 있어도 그냥 지나쳤는데 요즘은 가던 길을 멈추고 넋 놓고 꽃을 보고 있을 때가 있어요."

"언젠가는 부엌에서 식칼을 쥐고 한동안 생각에 잠긴 적도 있었어요. 하지만 용기가 없어서…."

앗, 이건 특종인가? 아니면 사람들이 아는 이야기일까? 혼란스러워졌다. 그 와중에 사고 후 기타노 감독의 모습이 내가 마지막에 물으려고 했던 영화 〈HANA-BI〉의 한 장면을 떠올리게 했다.

배우 오스기 렌이 연기한, 휠체어 생활을 하게 된 형사가 삶의 의미를 찾지 못하고 꽃집 앞에서 멍하니 꽃을 바라보던 장면. 그러다가 꽃을 사 들고 와서 그림을 그리기 시작한다. 그리고 그림에 열중하면서 새로운 삶의 의욕을 되찾는다. 즉 〈HANA-BI〉는 기타노 감독 자신의 경험에서 우러나온 영화였다.

예기치 않은 질문이 사고 후 심경으로 시작해 영화 이야기로 절묘하게 이어진 것은 나의 능숙한 유도 때문이 아니다. 가타노 감독 스스로가 마음 가는 대로 이야기하다 보니 그렇게 되었다. 내게 공이 있다면 '물수건'에 관심을 보인 것뿐이다. 이후는 기타노 감독의 이야기에 맞장구를 쳐주는 정도가 전부였다.

마음에 여백을 가져보라

가수 하기하라 겐이치와의 인터뷰도 예기치 않게 성공했다. 그룹사운드 맴버로 인기를 끌던 스타 중에는 지금도 현역에서 왕성하게 활약하는 이들이 많다. 그들에게 당시를 추억하며 고뇌와 방황, 기쁨을 들어보자는 취지로 기획된 인터뷰에 몇 명의 대담자가 선정되었다. 그중에 하기하라 씨도 있었다.

그가 시코쿠 지방의 88개 사찰을 순전히 도보로만 순례하고 돌아온 뒤였다. 하기하라 씨는 이 순례 이야기를 하고 싶다며 매니저를 통해 전해 왔다.

"어떡할까?"

인터뷰 스텝은 다소 망설였다. 순례 이야기를 듣는 것도 좋지만 이것만으로는 좀 약하다는 생각이었다. 그래서 일단 순례 에피소드로 시작한 뒤 그룹사운드 시절의 이야기로 화제를 돌리자고 했다. 인터뷰 당일, 일정대로 하기하라 씨를 만났다.

"순례를 다녀오셨다면서요?"

이 질문으로 시작된 그의 순례 이야기는 마치 재미있는 영화 한 편을 보는 듯했다.

"저 자신을 단련하고 싶었거든요."

처음에는 소풍 가는 기분이었다고 한다. 청바지에 티셔츠 차림으로 다녔는데 도중에 만난 식당 주인에게 그런 복장으로 순례길을 다니면 못쓴다고 야단을 맞았단다. 맥주를 마시며 다니는 모습을 들켜 맥주를 모조리 압수당하기도 했다.

"다시는 술을 마시지 마시게. 절로 가서 입을 헹구고 돌아오시오. 그리고 여기서부터 다시 걸으시오."

그가 이 말을 들었을 땐 '뭐라고? 내가 왜 그런 것까지 신경 써야 해?'라며 욕설을 퍼붓고 싶은 심정이었다고 한다. 하지만 점차 심경의 변화가 일어났다. 몸에 지니고 있던 비옷과 휴대전화도 전부 내던져 버리고 염주와 지팡이만으로 다시 나섰단다. 그 길에서 뱀과 사투를 벌인 적도 있고, 길을 잃고 헤매다 왔던 길로 되돌아가기를 반복했고, 길 잃은 사람을 도운 적도 있고, 생일날에는 폭우를 만나기도 했다.

"시작할 때는 소원이 많았어요. 좋은 여자를 만나게 해달라고도 빌었죠. 근데 나중에는 아무 생각이 안 나더라고요. 내 소원 따위는 하나도 생각나지 않고 주위 사람들 얼굴만 떠오를 정도로 마음이 정화되더군요. 살면서 처음으로 잘했다며 나를 칭찬했어요. '하기하라 겐이치! 정말 잘했어!'라고 말이죠."

이 순례 담은 하기하라 씨의 인생 그 자체였다. 그래서 더욱 감동적으로 다가왔다. 인터뷰 말미에 덤으로 그룹사운드 시절의 이야기와 신작 영화 이야기도 나눴지만, 솔직히 순례 담에 압도되어 별 감흥이 없었다.

나는 이때 다짐한 바가 있다. 앞으로 내가 이야기 '주제'를 정하는 일은 없을 것이다. 미리 멋대로 상대를 예단하고, 듣고 싶은 이야기를 마음대로 선택하는 짓이 얼마나 위험한가. 그날 절실히 깨달았다.

상대의 마음을 먼저 읽어라

상대를 본다는 것은 곧 상대의 마음이 어떤 상태인지 살핀다는 의미다.

예전에 한 방송 토크쇼에 어느 지방 온천의 료칸(일본 전통 숙박 시설) 안주인이 출연했다. 그녀는 "밝게 손님을 맞이하는 일은 서비스업을 하는 사람에게는 기본 중의 기본이죠. 그런데 료칸을 방문하는 손님 중에는 우울하거나 슬픔에 빠진 사람도 있고, 큰 걱정을 안고 있는 사람도 많아요. 이런 분들을 그저 밝게 맞이하는 게 좋은 걸까요?"라고 되물었다. 그러면서 자신의 경험을 이야기했다.

하루는 평소처럼 밝고 씩씩한 목소리로 오시는 손님에게 인사했더니 그의 얼굴이 일그러졌다. '그렇게 밝은 얼굴은 저를 더 슬프게 할 뿐이에요. 지금 기분이 아주 안 좋거든요.'라는 뜻이었단다. 그 후로 자신의 일관된 손님맞이 태도를 반성했다고 한다. 손님이 어떤 기분일지 헤아리지 못하면 진정한 서비스가 아니라는 것이다.

이 이야기를 들으며 그 진정한 서비스가 인터뷰와 비슷하다고 느꼈다.

예를 들어 인터뷰하기로 한 게스트가 안대를 하고 나왔다고 하자. 안대가 거추장스럽고 통증도 있어서 인터뷰를 거절하고 싶었으나 약속을 지키려고 어쩔 수 없이 나온 게스트를 만나자마자 소리 높여 인사한다.

"안녕하세요. 처음 뵙겠습니다. 나오키상 수상 축하드립니다!"

물론 수상 축하 인사도 중요하다. 하지만 게스트는 안대가 불편하고 그런 모습을 보이는 게 민망하고 신경 쓰일 것이다. 마음이 넓은 게스트라면 "제가 눈이 좀 아파서요. 신경 쓰지 마시고 이야기 나누시죠."라고 배려해줄지도 모른다.

만약 상대가 친구라면 어떨까. 안대를 낀 모습을 보면 바로 이런 말이 나온다.

"어? 눈이 왜 그래?"

상대도 기다렸다는 듯이 하소연한다.

"아, 이거? 실은 말이야…."

이것이 일상적인 대화의 흐름이다. 그런데 업무상 딱딱한 자리에서는 이런 흐름을 등한시하는 경우가 많다. 만남의 목적이 명확하면 그 목적에 집중하느라 평소 대화의 흐름은 무시한다. 바로 본론으로 들어가고 결론 맺기를 바라기 때문이다. 그러나 아무리 진지한 이야기라도 상대의 상황을 헤아리는 여유를 가져야 한다. 본론에 들어가기에 앞서 안대의 불편함을 알아준다면 상대의 마음은 한결 누그러진다. 이런 마음 씀씀이가 상대의 마음을 여는 열쇠이다.

좀 다른 이야기를 해보겠다. 소설가 기타 모리오의 개인전이 열렸을 때다. 오프닝 파티에는 기타 작가 부부와 많은 지인, 출판 관계자가 모였다. 둘러보니 기타 작가의 부인이 한쪽 다리에 붕대를 감고 있었다. 이 모습을 보고 놀란 사람들이 부인에게 다가가 질문 공세를 퍼부었다.

"어떻게 되신 거예요?"

"아, 실은 제가…."

부인이 답변하는 중에 파티가 시작되었다.

"그럼, 먼저 오늘의 주인공이신 기타 모리오 작가의 인사 말씀을 들어 보겠습니다."

사회자의 소개로 마이크 앞에 선 그가 인사말을 시작했다.

"먼저, 제 아내의 다리는 말이죠…. 너무 많은 분이 관심을 보이시니 제가 한 번에 말씀드리는 게 좋을 것 같네요."

자신의 개인전 오프닝 인사를 아내의 부상 이야기로 시작하다니! 상황이 너무 아이러니했다.

내가 이 이야기를 꺼낸 이유는 주객이 전도되는 일에 주의하자는 것이다. 안대를 낀 사람을 보면 먼저 안부부터 묻는 게 맞다.

하지만 상황에 따라 그 질문이 지겨운 사람도 있으니 주의해야 한다.

무엇보다 중요한 것은 상대의 기분을 헤아리며 대화를 시작하려는 자세다.

상황을 헤아리지 못하면 대화의 미로에 갇힌다

상대의 기분을 어떻게 헤아릴 수 있을까? 무엇을 근거로 상대의 마음을 가늠할 수 있을까? 이때 '나'를 하나의 기준으로 삼는 방법은 나름 효과적이다.

'나라면 어땠을까? 나라면 울었을 거야.'

또한, '나'와 어떻게 다른지 또는 얼마나 비슷한지 그 차이를 기준으로 질문할 수 있다. 이 방법은 꽤 유효하다. 가령 상대가 이런 말을 했다고 하자.

"저는 일곱 살 때 처음으로 사회에 나가 일하고 싶었어요."

이 말을 들으면 내가 일곱 살 때는 어떤 생각을 했고 무슨 행동을 했는지를 순간적으로 떠올린다. 어머나! 그 나이라면 내가 레고에 빠져있을 때인데 무슨 일이 있었길래 그 어린 나이에 일하고 싶었을까? 어떻게 그런 어른스러운 생각을 하게 된 걸까? 무엇이 이 사람을 그토록 궁지로 내몬 걸까? 아무 생각 없이 놀기만 하던 나와 비교하면 여러 가지 궁금증이 생긴다. 시대 배경, 가정환경, 경제 상황이 나와 어떻게 다른지 의문을 품게 된다. 내 기준만으로 판단하는 것은 금물이지만 이렇게 비교하다 보면 기쁨과 슬픔, 힘들다는 감정 어딘가에서 공감되는 부분을 찾을 수 있다. 나와 다른 경험을 한 타인일지라도 감정의 교집합을 찾으면 상대를 더 깊이 이해하고 그에게 흥미를 느끼게 된다.

내가 여자 레슬링 선수 하마구치 교코를 만난 것은 그녀가 아테네 올림픽에서 돌아온 직후였다. 3위 결정전에서 승리하여 동메달을 획득했지만, 준결승 때 전광판에 점수가 올바르게 표시되지 않았다. 그로 인해 연장전을 생각하던 하마구치 선수에게 갑자기 패배 판정이 내려졌다. 당연히 인터뷰는 받아들이기 힘들었던 판정이 쟁점이었다. 패배 판정이 내려지던 순간 어떤 기분이었을까? 슬프기만 했을까? 눈물이 날 정도로 분했을까? 포기하고 싶다는 생각은 안 했을까? 무엇보다 어떻게 마음을 다잡고 3위 결정전에 나선 걸까?

'내가 그런 일을 당했다면 분하고 화가 나 코치나 트레이너에게 화풀이했을 거야. 3위 결정전 따위 출전하고 싶지 않다며 떼를 썼을지도 몰라. 체력도 기력도 완전히 바닥났을 테니까.'

실제로 그녀도 그 순간 무슨 일이 일어났는지 바로 이해하지 못했단다. 그저 멍하니 있다가 뒤늦게 심판에게 항의했지만 받아들여지지 않아 물러날 수밖에 없었다. 그 후 선수촌으로 돌아가 6시간 뒤에 있을 3위 결정전까지 마음을 추슬러야 했다. 하지만 자신에게 일어난 일이 납득되지 않아 참을 수 없는 지경에 이른 그녀는 집에 전화를 걸었다.

"어머니가 받으셨는데 수화기 너머로 '넌 세계(세계선수권)에서 금메달을 딴 여자야. 당당히 싸워!'라는 말을 듣는 순간 '아, 맞아. 기죽어 있을 이유가 없어.' 하고 정신이 퍼뜩 들었어요."

그녀의 어머니는 뒤이어 이렇게 했다.

"내가 지금까지는 이기라고 한 적이 없을 거야. 하지만 이번에는 꼭 이겨서 동메달을 따와야 해."

그리고 하마구치 선수의 마음을 움직인 결정적인 한마디를 덧붙였다.

"넌 잘 싸웠어!"

패배 판정이 내려지던 순간엔 너무 어처구니가 없어 나지 않았던 눈물이 그제야 눈물이 주르륵 흘렀다고 한다.

"다시 시합장으로 돌아왔을 때는 또 한 번 싸울 수 있다는 생각에 웃음이 나왔어요. 새로운 힘이 샘솟은 거예요."

나는 이 이야기를 들으며 연신 눈물을 훔쳐냈다.

골프에서 얻은 교훈

요즘 나는 골프 치는 낙으로 살고 있다. 늦바람이 무섭다고 했던가. 쉰 번째 생일 즈음 지인의 권유로 시작했다가 지금은 스스로도 놀랄 정도로 푹 빠져있다. 결혼과 출산의 꿈은 이루지 못했지만(아직 모른다. 힘내라!) 골프 덕분에 노후의 불안도 사라졌다.

늦은 나이에 시작했지만 즐기다 보니 잘하고 싶은 욕심도 생겼다. 부단한 노력 끝에 최고 기록인 95타까지 달성하는 기쁨을 맛봤다. 의기양양해진 나는 라운딩을 나갔다. 셋이 팀을 이뤘는데 한 명은 예전부터 알던 친구고 다른 한 명은 처음 만나는 여성이었다.

밝게 인사를 나눈 뒤 라운딩을 시작했다. 나는 스윙하면서 내심 '아가와 씨는 실력이 좋으시군요.'라고 칭찬받는 모습을 상상했다. 그런데 이걸 어쩌나. 공이 벼랑으로 떨어져 거기서 나오는 데 5타, 겨우 나와서는 또 벙커에 빠져 다시 2타, 그린에 올려서는 쓰리 퍼트. 한 홀 도는 데 무려 11타나 쳐버렸다. 두 사람은 이미 홀아웃하고 멀찍이서 나를 기다리고 있었다. 속상하고 부끄러웠지만 분한 마음도 감출 수 없었다.

"죄송해요. 기다리게 해서…."

연신 고개를 숙이는데 굳어가는 얼굴은 어쩔 도리가 없었다. 계속 실수와 실패를 연발하다가 9홀까지 72타라는 형편없는 결과를 내고 말았다.

불과 지지난 주에 18홀 95타 최고 기록을 달성했는데 갑자기 왜 이러지? 실패할 때마다 화가 치밀어 혼잣말로 "아…. 클럽을 바꾸는 게 아니었는데…."라며 투덜거렸다. 속으로는 '벙커가 있으면 미리 알려줘야 할 거 아냐.'라며 캐디를 탓했다.

그렇게 18홀을 마치자 그날 처음 만난 여성이 딱하다는 듯이 한마디 했다.

"아가와 씨는 참 미련이 많으시군요."

정신이 번쩍 들었다. 부끄러워 쥐구멍에라도 숨고 싶었다. 그러니까 그녀는 내가 계속 구시렁거리며 기분 나빠하는 모습을 시종일관 지켜본 것이다. 누가 봐도 알 정도로 기분 나쁜 얼굴을 하고 있었으니 당연했다. 이런 나에게 그녀는 따끔하게 충고했다.

"골프를 잘 치고 싶으시면 실패에 미련 갖지 말아요. 얼른 기분을 전환하는 게 좋아요."

나는 골프를 칠 때마다 이 말을 떠올린다.

'자! 오늘도 미련 없이!'

나의 골프 분투기와 비교하기 그렇지만 그녀는 다른 사람의 잘못으로 메달 색이 바뀌었는데도 미련 없이 어머니의 말 한마디에 마음을 다잡았다. 그리고 다음 시합에서 심판을 노려보지도 않고 웃는 얼굴로 시합을 즐겼다.

그렇다. 화창한 날 라운딩할 수 있는 것만으로도 나는 얼마나 행복한 사람인가! 아직도 벙커에 빠져 헤맬 때면 울먹이는 얼굴이 되지만 하마구치 선수의 웃는 얼굴을 떠올리며 마음을 다독인다. 일희일비하지 않기!

상투적인 반응이 대화를 망친다

하마구치 선수의 이야기에서 또 하나 감명받은 이야기는 그녀의 어머니가 해준 말이다.

만약에 내 아이가 하마구치 선수와 같은 상황이었다면 어떤 말을 건넬 수 있었을까. "얘야, 신경 쓸 것 없어."라고 했다가 "엄마는 엄마 일이 아니니까 그런 소리가 나오지! 말처럼 쉬운 일이 아니란 말이야! 잘 알지도 못하면서…."라고 핀잔을 들을지도 모른다. "얘야, 힘내."라며 격려의 말을 하면 "더 어떻게 힘을 내! 그런 뻔한 소리밖에 못 해?"하고 화를 낼지도 모른다. 아무리 생각해도 나는 딱히 뾰족한 말이 떠오르지 않는다.

나의 경험치로는 오리무중인 답변에서 하마구치 선수의 어머니가 선택한 말은 현명한 정답이었다. 어머니의 말이 하마구치 선수의 마음을 움직였기 때문이다. 아마도 서로의 마음을 잘 알고 크고 깊은 애정을 나눈 사이기에 가능했을 것이다. 꼭 부모와 자식 사이가 아니라도 인터뷰를 하다 보면 '고난을 이기게 해준 말'이 있다는 게스트를 종종 만난다.

정치가 요시이에 히로유키가 그랬다. 한때 불량 청소년이었던 그는 정신을 차리고 열심히 공부에 매진하던 중 오토바이 사고를 당했다.

'아, 역시 나는 안 되는구나.'

생사의 갈림길에서 자포자기한 채 하루하루를 보내던 어느 날, 고등학교 때 선생님이 그를 찾아왔다.

"죽으면 안 돼. 넌 나의 꿈이란다."

이 한마디에 요시이에 씨는 삶의 의욕을 되찾았다고 한다.

도대체 어떻게 그런 엄청난 말을 생각해낼 수 있었을까. 왜 이 말이 히로유키 씨의 마음을 변화시켰을까. 그 기적 같은 말의 위력에 압도되어 두 사람이 마주하고 있었을 병실의 광경을 그려봤다. 눈을 마주 보고 마음을 교환하는 그 모습을.

듣는 이가 상대의 이야기에 지나치게 감정이입 하면 문제가 될 수도 있지만, 상대의 이야기를 영화 속 장면처럼 받아들이면 이야기가 이해되고 새롭게 보이는 것들이 생겨난다.

하지만 아무리 자신의 경험에 빗대어 감정이입하고 감동하더라도 "당신이 어떤 심정인지 전부 이해할 수 있어요. 그럼요. 다 알고말고요."와 같은 일은 일어날 수 없다. 딱 잘라 말해 그렇게 될 리가 없다. 상대와 완전히 똑같은 경험은 애초에 불가능하기 때문이다.

그럼에도 '다 안다'라고 반응하면 상대는 이야기할 맛을 잃는다. 특히 '진심 어린 말'로 구원받아 본 적이 있는 사람이라면 섣부른 위로에 담긴 거짓된 마음은 금방 들통난다. 그 결과 신뢰하지 못할 사람이라는 의심만 사게 될 수 있다.

인생에서 누군가의 '말 한마디'가 얼마나 중요한지 생각해 보자. 인터뷰할 때 사소한 맞장구라도 진심을 담아 전해야 한다.

나는 질문하는 방식을 사용하는 습관이 있다.
문제를 해결하는 방법과 더 빠르게 지식을 공유하는 방법을
다른 사람에게서 찾는 것이다.
마이클 마크바트

PART 2

듣는 맛을 살리는 비법

The Power of Listening to Open your Heart

대화는 살아 꿈틀댄다

내가 진행하는 TV 방송에 희극배우 쇼후쿠테이 쓰루베가 출연한 적이 있다. 그날의 주제는 '백 년 뒤 일본에 남기고 싶은 유산'이었다. 쇼후쿠테이 씨는 가장 먼저 '대중목욕탕'을 꼽았다.

간사이 지방에서 유년기를 보낸 그에게 '목욕탕'은 더할 나위 없이 즐거운 놀이터였다. 아이들이 가고 싶어 하는 곳이기보다, 혈기 왕성한 아이들이 집에서 말썽 피우는 꼴은 보기 싫고 끈 떨어진 연처럼 멀리 보냈다가 길이라도 잃으면 안 되니 아이들을 근처 대중목욕탕에 데리고 갔다. 그리고 카운터에 돈을 지불하고 저녁때까지 실컷 놀게 했다고 한다.

어느 날, 아이들이 정신없이 뛰어놀든 말든 무시하고 탕 속에 몸을 담그고 있는 한 할아버지 옆으로 뭔가 이상한 물체가 불쑥 떠올랐다.

"뭐지, 저건?"

정체불명의 물체를 발견한 아이가 속삭이듯 말했다.

"엉? 똥인가? 똥이다. 똥!"

자기들끼리 수군수군 키득거리더니 주인에게 몰려가 일렀다.

"큰일 났어요. 할아버지가 탕에 똥을 쌌어요!"

카운터에 있던 주인은 아무 말 없이 일어섰다. 그러더니 옆에 있던 긴 자루가 달린 통을 들고 욕장으로 들어가 능숙하게 똥 덩어리를 퍼 올렸다. 똥을 그대로 배수구에 버리고는 몇 번 뜨거운 물을 부어 흘려보냈다. 그러고는 이 모습을 고스란히 지켜보던 아이들에게 엄한 얼굴로 한마디 했다.

"이놈들 말하면 못 써! 알았지?"

이 일화에 쇼후쿠테이 씨 특유의 현란한 입담이 더해지자 녹화장은 폭소의 도가니가 되었다. 그 시절 목욕탕의 광경과 함께 아이들의 놀라는 표정, 욕장을 울리는 목소리, 늘 무표정한 주인 얼굴, 시치미 떼는 할아버지의 모습. 여러 장면이 눈앞에 그려져 당시 오사카의 한가로운 대중목욕탕의 정겨움을 느낄 수 있었다.

나는 쇼후쿠테이 씨가 대중목욕탕의 매력을 더 이야기해주기를 바랐다. 그때 갑자기 카메라가 멈추고 부조정실에서 스태프가 내려왔다.

“이 이야기는 그쯤 해두고 ‘미소기(죄나 부정을 씻기 위해 냇물이나 강물로 몸을 씻는 의식)’에 대한 이야기를 좀 들었으면 합니다. 일본인에게 ‘미소기’가 어떤 의미인지 말씀해주시면 좋겠어요.”

이건 무슨 말인가. 모처럼 이야기가 무르익어 이제 본격적으로 대중목욕탕의 매력을 들으려던 참인데 왜 갑자기 딱딱한 주제를 끄집어내는지 너무 황당하고 화가 치밀었다.

“아니 그건…, 이야기의 흐름상 이상하지 않나요?”

울컥해서 시비조로 따졌다. 당연히 녹화장의 분위기는 싸늘해졌다.

"하지만 아가와 씨. 여기서 '미소기' 이야기하면 좋을 타이밍이 잖아요. 요즘 정치가들이 '미소기' 운운하면서 쉽게 의혹을 무마시키려고 하는 거 몰라서 그래요? 이 점에 대해서 쇼후쿠테이의 의견을 듣고 싶은 거예요."

"아뇨, 그런 걸 지금 이 타이밍에 물을 수는 없어요."

이렇게 옥신각신하고 있는데 쇼후쿠테이 씨가 말했다.

"에휴 참, 뭐 어때요? 토크는 살아있는 거잖아요."

이 말 덕분에 다툼이 더 크게 번지지는 않았다. 그 후에 미소기에 대한 대화를 나눴는지 어쨌는지는 기억나지 않는다. 그저 내가 버럭 화를 낸 일과 '토크는 살아있다'라는 그의 말만 또렷이 기억에 남아있다.

맞는 말이다. 토크, 그러니까 대화는 살아있다. 앞서 언급한 것처럼 좋은 이야기를 듣겠다고 질문을 완벽히 준비해도 인터뷰는 뜻대로 되지 않는다. 예상치 못한 결과로 끝나는 경우가 허다하다. 하지만 그렇기에 재미있다.

음악이나 연극도 마찬가지다. 사람들은 왜 음표가 정해져 있는 클래식 음악을 반복해서 듣고, 같은 배우의 같은 연극을 몇 번이고 보러 가는 걸까? 매번 다르기 때문이다. 그날의 기분과 몸 상태, 관객의 호응에 따라 연기자는 놀랄 정도로 다른 연기를 보여준다.

요리 또한 마찬가지다. 단골 식당에서 즐겨 먹는 메뉴를 먹고 손님이 의아한 표정으로 한마디 한다.

"맛이 왜 이래? 주방장이 부부싸움이라도 했나?"

평소와 간이 달랐기 때문이다. 인간의 뇌는 이런 사소한 변화에도 민감하게 반응한다. 그런데도 그 손님은 계속해서 그 식당을 다닐 것이다. 왜냐하면 다음에 가면 또 다른 맛을 경험할 수 있기 때문이다.

만약 우리가 연주나 연기, 요리에서 항상 일정한 최고의 품질을 바란다면 컴퓨터나 로봇에게 맡겨야 한다. 하지만 그것은 아무도 바라지 않는다. 기교의 차이가 주는 매력도 있지만, 그 이전에 변화하는 인간의 본질을 맛보고 싶기 때문이다.

하물며 대화는 악보나 대본이 없다. 듣는 이와 말하는 이 사이에 어떤 화학작용이 일어나 어떤 분위기가 될지 아무도 모른다. 내 경험으로 보아도 예상대로 끝난 인터뷰보다 예상하지 못한 결과로 끝난 인터뷰가 더 많다. 또한 그런 인터뷰의 만족도가 훨씬 높은 것도 사실이다.

"그런 이야기를 하실 줄이야. 깜짝 놀랐어요."

인터뷰를 마치고 이런 이야기를 나눈 적은 허다하다.

배우 겸 작가인 구로야나기 데쓰코 씨를 한 방송에서 인터뷰했을 때다. 그녀는 '백 년 뒤 일본에 남기고 싶은 유산'으로 '지요가미千代紙(일본 전통 무늬나 문양이 들어간 정사각형의 종이)'를 들었다. 구로야나기 씨는 특유의 속사포같이 빠른 말과 매력적인 보이스로 소녀 시절 전쟁으로 피신한 방공호 속에서 보았던 컬러풀한 지요가미의 컬렉션 일화를 들려주었다. 그녀는 검은 종이로 덮인 백열전구 아래에서 지요가미를 황홀하게 바라보았다고 했다.

"당시는 색이 없는 세상이었어요. 화려한 지요가미를 보고만 있어도 즐거웠죠."

그녀의 이야기를 듣다가 문득 궁금한 점이 생각나서 물었다.

"형형색색의 지요가미를 만지작거리며 혹 미래에 어떤 일을 하고 싶다라든가 하는 그런 꿈은 없었나요?"

나는 질문의 답으로 패션 디자이너라든가 직물 작가, 화가 등 뭔가 색과 관련된 직업을 떠올렸다. 그러나 그녀는 한숨을 크게 쉬고는 이렇게 대답했다.

"저는요. 스파이가 되고 싶었어요."

나는 눈이 휘둥그레졌다.

"스파이요? 왜요?"

"외국에 가보고 싶었어요. 외국을 돌며 활약하는 직업을 갖는다면 국제 스파이가 좋겠다고 생각했죠. 하지만 누구에게도 말하지 못했어요. 전쟁 중이었으니까. 딱 한 사람, 좋아하던 남자애한테는 고백했어요. 나는 '국제 스파이가 될 거야.' 하고 말이죠."

"그랬더니요?"

"지금 생각해 보면 그 남자애가 참 똘똘한 아이였네요. 수다쟁이는 스파이가 될 수 없다지 뭐예요."

예상치도 못한 답변이었다. 지요가미와 아무런 관련이 없었다.

하지만 무심코 건넨 질문 하나로 구로야나기 씨의 멋진 추억을 들을 수 있어서 기뻤다.

상대의 생각에 돋보기를 들이대라

대화는 살아있다. 그래서 계획한 대로 풀리지 않고 예측을 벗어나야 마음껏 움직인다. 이게 대화의 묘미고 재미다.

그렇다고 대화에 필요한 준비를 하지 말라는 말은 아니다. 어떤 대화든 최소한의 '뇌 워밍업'은 필요하다. 가령 '아버지'라는 주제로 인터뷰한다고 하자. 그럼 일반적으로 다음과 같은 질문들이 떠오른다.

- 아버지는 어떤 분인가요?
- 아버지의 직업은 무엇인가요?
- 아버지와 즐거웠던 추억은 뭔가요?

- 아버지에게 혼난 적이 있나요? 가장 크게 혼난 적은 언제인가요?
- 아버지를 미워한 적이 있나요? 이유는 무엇인가요?
- 아버지의 말씀 중 가장 기억에 남는 말이 있다면 무엇인가요?
- 아버지와 어머니 중 누가 더 무섭나요?
- 아버지에게 감사한 일은 무엇인가요?
- 요즘 아버지와 어떤 이야기를 나누나요? 함께 술자리를 가져본 적이 있나요?

인터뷰이도 주제가 '아버지'라는 사실을 알면 마음의 준비를 해온다. 자기 머릿속에서 '아버지 서랍'을 열고 그 안에 담긴 이야기를 꺼낸다. 그리고 예상 질문과 답변을 하나하나 짚어본다. 이것이 '뇌 워밍업'이다. 즉, 이야기의 방향성 정도는 묻는 쪽이나 대답해야 하는 쪽에서 미리 인식해둬야 대화의 진행이 매끄럽다.

"음…. 추억이요? 아버지와 함께 즐거웠던 기억은 거의 없네요."

어쩌면 얘깃거리가 없다고 말할지도 모른다. 그럴 때는 인터뷰어와 함께 그의 '아버지 서랍'을 함께 뒤지다가 잊고 있었던 보물을 발견하기도 한다. 간혹 '아버지 서랍'에서 뜻밖의 옛 연인과의 추억이 튀어나오면 당사자도 "왜 이런 게 여기에 들어있지?"라고 말하며 놀란다. 함께 뒤지지 않으면 찾을 수 없는 이야기다. 그러니 이렇게 찾아낸 보물은 듣지 않고는 넘길 수 없다. 발견한 본인조차 놀랄 정도의 기억이 아닌가.

나도 가끔 인터뷰의 대상이 되기도 한다. 사전에 '오늘의 주제'를 알려오면 만나기 전에 얘깃거리를 준비한다. 아무리 준비를 철저히 해도 인터뷰어의 유도에 따라 잊고 있었던 기억이 되살아나기도 한다. 나도 잊고 있었던 상황이나 사건이 일깨워지면 마치 보물을 발견한 양 기쁘다. 대화를 나누는 도중에 '그러고 보니 이런 일도 있었네.'라든지 '내가 이런 걸 좋아하는구나.' 하고 새삼스럽게 바라보기도 한다.

쇼후쿠테이 씨의 '토크는 살아있다'라는 말은 바로 이런 점을 염두에 두고 한 이야기이리라.

인간이 인간과 나누는 대화이기에 이야기가 어디로 튀고 무엇을 깨달을지는 아무도 장담할 수 없다. 당시의 기분과 분위기, 어쩌면 그날의 바람과 햇살에 따라 좌우될지도 모른다.

듣는 사람이 무심코 보인 '반응'이 방아쇠가 되어 이야기에 '시동'이 걸리기도 한다. 듣는 사람은 말하는 사람의 '뇌 탐색 여행'에 동행하며, 티 나지 않게 곁에서 슬쩍 거들기만 하면 된다. 그러면 뜻밖의 보물을 발견하는 즐거움을 함께 누릴 수 있을 것이다.

길을 잘못 들었다면 되돌아가자

대화가 살아있다고 이야기가 어디로 튀든 상관없다는 의미는 아니다. 술집에서 취객이 사이좋게 나누는 대화라면 횡설수설 이야기에 두서가 없어도 무슨 상관이랴(맥락이 없어도 신나는 대화가 분명 있다). 하지만 업무상 인터뷰라면 설정된 궤도를 완전히 이탈해서는 안 된다. 물론 다른 길로 달려갈 때 더 좋은 풍경을 그려낼 때도 있다. 하지만 그 풍경에 취해 마냥 달리게 할 수는 없다. 엉뚱한 종착점에 이를 수도 있으니 말이다.

그렇다면 어떻게 샛길로 빠진 이야기를 원래대로 되돌려야 할까?

분명히 말해 확실한 방법은 없다. 어찌할 도리가 없는 경우도 종종 있다. 여러 경험을 가진 나도 별수 없다며 두 손 두 발 다 든 적도 있었다. 그래서 이런 사태에 빠지지 않도록 준비를 철저히 한다. 여기에 내가 터득한 요령 몇 가지를 사례로 소개해 본다.

첫 번째 요령은 샛길로 빠진 이야기에 귀를 기울이고 무작정 즐기는 것이다. 왜냐하면 재미있는 이야기로 발전할 수 있기 때문이다. 하지만 도저히 그럴 기미가 없다면 이야기 중에 본래 듣고 싶었던 주제와 관련된 말이 있는지 필사적으로 찾아야 한다. 반드시 하나는 있게 마련이다.

어느 가수와 인터뷰한 사례다.

“저는 친구 아버지를 동경했어요. 복싱장 관장이셨는데 힘도 무지하게 세고 멋있는 분이셨죠. 아저씨 친구 중에 복싱선수 출신 친구가 있었는데 고향에서 꽤나 유명했대요.”

나는 본인의 이야기를 듣고 싶었는데 친구 아버지의 친구 이야기로 빠져서 조마조마했다. 하지만 일단 들어보기로 했다.

“어느 날 그 복싱선수 출신 친구가 하는 말이 인생에서 가장 중요한 게 '칠전팔기'래요. 당시 저는 막 일곱 번째 앨범을 낸 상태였고 이번 싱글앨범만큼은 반드시 잘될 거라고 확신하던 터라 심장이 철렁 내려앉았어요. 일곱 번은 쓰러질 수 있다는 말이잖아요. 이 아저씨가 무슨 말도 안 되는 이야기를 하나 싶어 마음이 미리 우울해졌었죠. 근데 아니나 다를까 그 앨범도 망해버렸어요."

"그게 언제 적 이야기죠?"

"5~6년 전입니다. 그 앨범이 잘 안 팔리면 은퇴할 생각이었어요."

맞다. 당시 그의 은퇴 소문이 돌았었다.

"정말로 그만두려고 했죠. 근데 아저씨 말이 자꾸 떠올랐어요. 딱 한 번만 더 해보고 그때도 안 되면 접자 했죠."

그렇게 낸 여덟 번째 앨범이 대단한 성공을 거두었다.

"그럼 그 아저씨의 한마디가 없었다면 은퇴했을지도 모르겠네요."

"맞아요. 그런데 안타깝게도 그 아저씨는 내가 여덟 번째 앨범을 내기 직전에 돌아가셨죠.."

이런 식으로 샛길로 빠지나 싶던 이야기가 선회하여 인터뷰의 핵심으로 부각되기도 한다. 그래서 주제와 상관없는 이야기라도 포기하지 말고 일단 집중해서 들어야 한다. 잡담에서 생각지도 못한 중요한 단서가 튀어나올 수도 있으니 방심하지 말고 귀를 기울이자.

두 번째 요령은 당돌한 표정으로 "왜 그런 사건을 일으킨 거죠?"라고 불쑥 상대를 '난처하게' 만드는 방식이다. 이런 질문은 상대를 당황하게 만들 수 있으므로 묻는 사람도 그의 반응에 신경이 곤두선다. 하지만 타이밍만 잘 잡으면 상대는 불의의 일격에 정신을 못 차리고 "아, 그건 말이죠." 하며 순순히 대답해주기도 한다. 다만 이 요령을 활용하려면 질문 전에 상대와 충분한 신뢰를 구축해두는 것이 중요하다. 그렇지 않다면 자신을 존중하는지, 아니면 비판이 목적인 질문인지 알 길이 없다. 아군인지 적군인지 모르니 당연히 경계 태세를 갖추려 한다.

"아닙니다. 오해 마십시오. 우리가 같은 편인지는 모르겠으나 당신을 비난하거나 스캔들을 폭로할 생각은 없습니다. 그저 직접 당사자의 이야기를 듣고 싶은 것뿐입니다.”

이렇게 위압적인 태도를 취할 생각은 없지만 때론 묻기 힘든 질문을 해야 한다면 상대의 경계심을 충분히 풀어 줘야 한다. 성의를 갖고 대하지 않으면 속마음을 들을 수 없다. 상대와 신뢰만 형성하면 무슨 말인들 못하겠는가.

“미안한데요. 그 이야기는 일단 놔두고 아까 하던 이야기를 좀 더 해보죠.”

아마 본심을 직설적으로 드러내도 상대는 꺼리지 않고 받아 줄 것이다.

세 번째는 다소 고전적인 방법이다. ‘이야기 되돌리는 법’이라기보다는 ‘이야기 끼어들기’라는 표현이 더 어울린다. 이때는 상대의 호흡을 재빨리 눈치채는 것이 관건이다.

상대의 이야기가 장황해서 말을 끊어야겠다는 생각이 들면 이야기를 잘 듣고 있다가 호흡을 가다듬는 타이밍을 노려 불쑥 끼어들어야 한다. 그리고 다른 사람에게 발언권을 준다.

"그럼, ○○ 씨는 어떻게 생각하시나요?"

지나치게 빠르게 끼어들면 말을 끊는 인상을 줘서 말하는 사람이 언짢을 수 있다. 그러므로 이야기의 흐름에서 적당한 타이밍을 포착해야 한다.

어떤 TV 토론에서 한 출연자가 멋지게 발언권을 뺏는 모습을 보고 감탄한 적이 있다. 그는 상대의 이야기가 좀처럼 끝나지 않자 타이밍을 재면서 빈틈을 노렸다. 그리고 큰 소리로 먼저 상대에게 경의를 표하며 의견에 동조했다.

"○○ 씨 말씀이 맞습니다."

그랬더니 상대가 순간 방심하며 이야기를 끊고 대답했다.

"그렇죠?"

이렇게 말하면 상대가 자신의 주장을 인정받았다고 생각하므로 중간에 끼어들어도 기분 나빠하지 않는다. 이 틈을 노려 그는 "맞는 말씀이지만…." 하고 자연스럽게 반론을 전개했다. 그 방송을 보며 나는 무릎을 쳤었다. 하지만 아직까지 이 방법을 써보진 못했다. 나는 TV 방송뿐만 아니라 인터뷰 시에도 상대의 '호흡'에 주시하는 편이다.

상대가 호흡하는 방식을 보면 이야기가 즐거운지, 억지로 이야기하는지, 뭔가 숨기고 있는지, 빨리 끝내고 싶은지, 더 할 말이 없어서 이야기를 빙빙 돌리는지 나름 속내를 간파할 수 있다. 이렇게 파악된 상대의 마음은 다음 질문을 하는 데 도움이 된다.

어쩌면 한 번 샛길로 빠진 이야기를 되돌리려 애써도 노력만큼 성과가 없을 수도 있다. 그러므로 가능한 한 이야기의 흐름을 자연스럽게 유도하면서 자신이 원하는 방향으로 이끌어야 한다. 내 경험상 이야기 중심을 놓치지 않고 상대를 유도하는 것이 최고의 방법이다.

혼자 웃을 수 있는 대화는 없다

나는 지금도 인터뷰할 때면 두렵다. 인터뷰 도중에 상대가 기분 나빠하면 어떡하나? 인터뷰가 재미없어서 독자에게 외면당하면 어떡하나? 인터뷰가 시작되고도 마찬가지다. 게스트가 말수가 적거나 이야기를 멈추기라도 하면 '슬슬 이야기 소재를 바꿔야 하나?', '아까 질문을 한 번 더 해볼까?', '아니야, 그냥 같은 주제로 좀 더 밀어볼까?'라는 생각으로 머릿속이 혼란스럽다. 하지만 겉으로는 이를 드러내면 안 되니 미소를 보이며 진행해야 한다. 참으로 괴로운 일이다.

"아가와 씨는 인터뷰할 때 항상 즐거워 보여요. 스트레스를 받지 않죠?"

가끔 이런 질문에 내 대답은 “절대 그렇지 않다.”이다 겉으로 편안해 보일 뿐 속은 시커멓게 타들어 간다.

실제로 〈슈칸분슌〉의 대담 코너를 시작하고 한 달이 지날 무렵부터 목이 뻐근해졌었다. 어깨는 딱딱하게 굳어가고 기분은 처졌다. 전에도 어깨 결림을 몇 번 겪어본 적 있지만 대부분 모니터를 장시간 본 것이 원인이었다. 지금은 어깨에 무리가 갈만한 일을 하지 않았는데도 그때보다 더 심하게 목이 뻣뻣하다.

“아, 인터뷰 때문이구나.”

보통 두 시간 정도 진행하는 인터뷰에서 지나치게 긴장한 나머지 눈도 뻑뻑해지고 몸도 딱딱하게 굳는 모양이다.

“나, 너무 긴장하나 봐. 어깨가 너무 아파.”

함께 일하는 동료에게 이야기했더니 걱정은커녕 “금방 익숙해져요.”라며 한 귀로 흘릴 뿐이었다. 나는 정말로 힘든데 다들 냉정했다. 야속해하는 내 마음과 달리 실제로 시간이 지날수록 점차 익숙해졌다. 적어도 처음보다는 어깨나 목의 통증이 줄었다.

그러나 지금도 나는 인터뷰하면서 사소한 일에 일희일비한다.

가령 구성 작가나 담당 편집자의 반응이 신통치 않으면 '앗, 따분한가?' 하는 생각에 심장이 요동치기 시작한다. 아마도 인터뷰에서 완벽하게 긴장을 풀기란 불가능하지 않은가 싶다.

일반적으로 인터뷰는 구성 작가, 담당 편집자, 카메라맨 등 인터뷰어 쪽 스태프와 게스트의 매니저나 홍보 담당자와 인터뷰이 쪽 스태프에 둘러싸여 진행된다. 이 사람들이 관객인 셈이다. 그들이 인터뷰를 현장에서 보고 들으며 웃음을 터트리거나 고개를 끄덕이면 아무래도 기운이 솟는다.

프로 골프 선수 오자키 마사시와의 인터뷰를 위해 자택을 방문했을 때의 일이다. 인터뷰가 익숙지 않다며 거절하던 오자키 선수를 설득한 사람은 그의 아내였다. 덕분에 인터뷰가 성사되기는 했지만 아무래도 본인은 당일까지도 탐탁지 않은 눈치였다.

"어서 오시죠."

반갑게 인사를 건네받았지만 풍채도 크고 특유의 박력이 느껴져 살짝 위축되었다. 당시 나는 골프 경험이 없었고 경기 자체에도 별로 흥미가 없었다. 벼락치기로 한 공부를 들키지 않고 무사히 재미있는 화제를 이끌어내는 게 관건이었다. 두근거리는 마음을 진정시키며 오자키 선수 앞에 앉았다. 인터뷰가 시작되자 그는 변변치 않은 질문에도 차근차근 대답해주었다. 실제로 만나보니 당당한 외모에 걸맞지 않게 귀여운 말투의 소유자였다. 그에게 외국에서 유독 성적이 좋지 않은 이유를 묻자 "말이 안 통하잖아용."이라고 말끝에 귀여움을 더했다. 그 말투가 재미있어 주위의 스태프가 키득거리자 그는 또 말을 더했다.

"제 이야기가 그렇게 웃겨용?"

덩치는 산만 한 그가 소년처럼 해맑은 눈을 한 채 주위를 올려다보는 모습이라니.

"웃겨요. 정말로 웃겨요!"

이때부터 오자키 선수도 인터뷰 상황을 즐기게 되었다. 덕분에 '골프도 모르는 사람이 무슨 질문을 하냐?'라는 핀잔이 날아올지 모른다는 근심이 사라졌다. 골프를 몰라도 아무 문제 없이 이야기를 나눌 수 있었고 마지막에는 어마어마한 와인 컬렉션도 보여

줘 모두가 기분 좋게 인터뷰를 마쳤다.

인터뷰어뿐 아니라 그 자리에 있는 모두가 인터뷰 참가자다. 게스트는 주위 사람이 자신의 이야기에 귀를 기울이고 즐겨주면 신날 수밖에 없다. 내가 게스트였을 때도 당연히 그랬다. 카메라맨뿐만 아니라 보조 카메라맨까지 웃는 모습을 보여주면 얼마나 뿌듯한지 모른다.

이런 점에서 볼 때 나와 오래 함께 일한 구성 작가는 참 잘 웃어준다. 그래서 나는 인터뷰 도중에 그녀가 졸린 얼굴로 있으면 '이야기가 재미없나 봐. 슬슬 화제를 바꿔야겠군.' 하고 진행의 지표로 삼기도 한다.

물론, 이런 상황이 와닿지 않는 이도 있을 것이다. "아가와 씨와 같은 일을 하는 사람에게나 있을 법한 일이지, 일반적으로는 안 그래요."라고 일침을 가하는 이도 있을 것이다. 하지만 그렇지 않다. 이런 일은 지극히 일상적인 장면에서도 충분히 일어날 수 있다. 가령 회식이나 회의, 혹은 지인 결혼식이나 환영회, 송별회에서 자신이 여러 사람 앞에서 말을 해야 하거나 들어야 하는 상황은 반드시 온다.

'많은 사람 앞에서 잘 이야기할 수 있을까?'

대중 앞에서 말해야 하는 사람은 누구나 가슴이 두근거린다.

'저 사람은 무슨 이야기가 하고 싶은 걸까?'

청중들은 무슨 이야기가 나오는지 집중한다.

이런 긴장감이 넘치는 상황에서 그들이 묵묵히 들으며 고개를 끄덕이거나 웃음을 터트리고 미소를 보이면 어떨까?

'내 이야기를 재밌어 하는 분도 있구나. 귀담아듣고 반응해주는 분도 있어.'

이 사실을 확인하는 순간 말하기는 훨씬 편해진다. 기분도 좋아진다.

물론 재미없는 이야기에 억지로 웃음을 쥐어짤 필요는 없다. 하지만 조금이라도 재미있다면 표정이나 태도로 마음을 표현해 보자. 말하는 사람의 소재는 듣는 이의 반응에 따라 이야기가 한결 더 풍성해진다.

끝까지 포기하지 않을 때 물꼬가 터진다

나는 일본 전통 만담가 고바야시 모리오와의 인터뷰 당시 진땀을 뺏던 기억은 아직도 선명하게 남아있다.

당일 예정된 스케줄이 빨리 끝난 고바야시 씨는 매니저를 통해 30분 일찍 인터뷰를 시작할 수 있는지 타진해왔다. 보통 우리 팀은 인터뷰 시작 두 시간 전에 미리 모여 전략을 세우고 식사를 하거나 게스트 정보를 나누며 대기한다. 그날도 사전 회의 도중에 연락을 받았다. 회의를 중단하고 서둘러 인터뷰 장소인 호텔로 출발했다.

평소에는 회의를 약속 장소 근처에서 하는데 그날은 호텔까지 차로 20분 거리인 출판사에서 이뤄졌다. 서둘러 나왔지만 도로가 막혀 도무지 차가 움직이지 않았다. 큰일 났다고 생각하면서도 당초 약속보다 빠르게 당긴 건 그쪽이니까 뭐 어쩔 수 없다고 생각했다.

아니나 다를까. 호텔에 도착했을 때는 변경된 약속 시간보다 20분 정도 늦었다. 그래도 사과는 해야 했다.

"늦어서 죄송합니다. 많이 기다리셨죠?"

숨도 제대로 고르지 못하고 소파에 앉았다. 그런데 앞에 있는 고바야시 씨가 볼에 잔뜩 바람을 넣고 있는 것이 아닌가. 마치 복어처럼. 앗, 정말로 화가 나신 걸까?

적당히 웃으며 무마할 수 없을 만큼 노여움이 커 보였다. 그렇다고 인터뷰를 관두고 돌아갈 기세는 아니었다. 안절부절못하며 가시방석에 앉은 것처럼 인터뷰를 시작했다.

처음에는 어떤 질문에도 퉁명스러웠다. 붉으락푸르락한 표정으로 '난 몹시 기분이 좋지 않아.'라며 시위하는 듯했다. 하지만 차차 시간이 흐르면서 분위기가 바뀌었다.

"언제부터 만담에 흥미가 있으셨나요?"

"초등학생 때는 정말 개구쟁이였지."

하루는 교실을 천방지축 날뛰고 다니는데 담임 선생님이 한 가지 제안을 했다고 한다.

"한 시간 줄 테니 마음껏 놀아보렴. 대신 그 후로 수업 시간에는 조용히 하는 거다?"

"네!"

개구쟁이였지만 어린 고바야시는 자신이 지어낸 이야기를 친구들에게 들려주는 것을 무척 좋아했다. 그래서 모처럼 생긴 한 시간 동안 〈방귀의 달인〉 이야기로 친구들을 즐겁게 해주기로 마음먹었다.

"어떤 이야기예요? 저도 듣고 싶어요!"

내 말에 그는 마지못해 이야기하기 시작했다.

"옛날 어느 고을에 방귀를 무척 잘 뀌는 할아범이 살았어. 매일 '뿌웅 뿌웅' 뀌어대는 통에 온 고을에 소문이 퍼지더니 급기야 원님 귀에도 들어갔지. (중략) '소인도 방귀 좀 뀝니다요.' 하며 방귀를 뀌는데 달인 할아범과는 비교가 안 될 정도로 형편없었어. 이를 보고 원님이 크게 노해 상은커녕 벌을 주고 쫓아냈다는 이야기." 만담가답게 맛깔스러운 입담에 구성 작가도 담당 편집자도 박장대소했다. 모두의 반응에 고바야시 씨는 멋쩍어하며 말했다.

"그때의 경험을 잊지 못하고 만담가가 된 걸세."

조금 전까지 벌겋게 달아올라 있던 그의 얼굴에 미소가 번졌다. 이제 기분이 풀린 모양이었다. 이후 고바야시 씨는 동료 만담가들의 에피소드를 비롯해 부인, 가족, 손자 이야기까지 정성스레 들려줬다.

"말씀 감사했습니다. 그럼 이제 마치도록 하겠습니다."

종료 인사를 하고 기념 촬영을 하려던 찰나, 약속을 지키지 못했다는 미안함에 사과의 말을 건넸다.

"기다리게 해서 정말로 죄송했습니다."

아차, 이 일을 어쩌나. 고바야시 씨의 얼굴이 순간 굳어지면서 복어처럼 변했다. 겨우 잊었는데 다시 생각난 모양이었다. 후회가 밀려들었으나 내뱉은 말을 주워 담을 수도 없는 법.

어쨌든 그와의 만남으로 포기하지 않으면 뜻밖의 결실을 맺기도 한다는 교훈을 얻었다. 또 하나, 지나간 안 좋은 순간은 당사자가 떠올리지 않는 한 다시 꺼내면 안 된다는 사실까지.

포기할 뻔한 인터뷰

나는 웬만해서는 마지막까지 포기하지 않는다. 개인적인 일이라면 깔끔하게 포기하지만 인터뷰 일만큼은 필사적으로 물고 늘어진다. 책임감 때문이기도 하지만 나중에 동료들에게 질책당하기 싫은 소심한 마음이 크다. 물론 도중에 포기할 뻔한 적도 있었다. 아니, 포기한 것과 같다.

상대는 인기 드라마에서 두각을 보인 배우 와타베 아츠로였다. 무심해 보이면서 묘하게 모성 본능을 깨우는 섬세하고 그늘진 표정이 여성들의 마음을 사로잡았다. 개인적으로 나는 이런 '멋진 남자'가 불편하다. 잘생긴 얼굴을 마주하고 있으면 왠지 모를 부끄러움에 빠져 내 자리가 아닌 듯 거북해진다. 그래서 인터뷰 시작 전부터 다소 불안했다.

슬픈 예감은 빗나가는 법이 없다. 와타베 씨는 내 앞자리 소파에 살짝 몸을 튼 자세로 앉아 이따금 긴 앞머리를 쓸어 넘기며 무심한 반응을 보였다. 질문의 답변도 뭔가 무성의하고 상투적이었다. 도무지 흥이 나지 않았다. 다른 게스트들의 인터뷰 중에도 이처럼 첫 대면에서 대화가 어긋나거나 침묵이 이어지는 경우가 종종 있기는 하다. 하지만 시간이 지나면 대부분 서로 편해진다. 그런데 그와는 30분이 지나도, 한 시간이 지나도 어색한 기류가 사라지지 않았다.

"TV와 영화뿐만 아니라 연극무대로 진출할 계획은 없으신가요?"

"글쎄요. 진출해야 하나요?"

"아, 아뇨. 꼭 그래야 한다는 게 아니라 어떨까 싶어서요."

"글쎄요…."

항상 웃는 방송 작가도, 분위기 메이커인 담당 편집자도 어이없는 얼굴이었다. 주위의 무거운 공기를 느끼자 내 기분도 처졌다. 에휴, 오늘은 망했구나. 두 시간이나 지났는데도 게스트는 도

무지 마음을 열 기색이 없다. 내가 뭘 잘못한 걸까?

잠시 생각해 봤다. 그는 원래 이런 잡지 인터뷰를 싫어하거나 그게 아니라면 그냥 내가 싫을 수도 있을 것 같았다. 생각이 거기까지 가자 인터뷰 의욕이 점점 더 꺾였다. 약속된 시간도 다 되어가고 어쩔 수 없이 슬슬 인터뷰를 마무리 지으려는데 불현듯 그가 내게 물었다.

"아가와 씨, 이 코너를 몇 년이나 하셨죠?"

"음…. 7년이요."

내 대답에 와타베 씨가 무심하게 웃더니 이렇게 덧붙였다.

"오래오래 하셨으면 좋겠어요."

"네에?"

"정말 제가 이야기하기 편하게 해주셨어요."

이 말을 듣고 나도 방송 작가도 담당 편집자까지도 일제히 뒤로 넘어갈 뻔했다. 나뿐만 아니라 그 자리에 있던 모두가 오늘 인터뷰는 마지막까지 별 볼 일 없다고 생각하고 있던 터였다. 그런데 이야기하기 편했다고? 나는 이날도 하나 배웠다.

사람은 모두 똑같은 얼굴로 기뻐하고 슬퍼하고 외로워하지 않는다. 내가 보기에 전혀 즐거워 보이지 않는 사람이지만, 속으로는 뛸 듯이 기뻐하고 있을지 모른다. 그러니 함부로 단정해서는 안 된다.

버릴 질문이 없음을 명심하라

나는 인터뷰할 때 기본 좌우명으로 '질문은 하나만!'을 외친다. 여기에 더해 듣고 싶은 주제를 대략 세 개 정도로 간추린다. 그런데 이 세 가지 주제를 정할 때는 늘 고민스럽다.

게스트가 유명인이라면 더욱 그렇다. 심사숙고해서 물었는데 세상 사람이 다 아는 이야기라면 얼마나 웃음거리겠는가. 인터뷰어의 자질이 달린 문제다. 그래서 알려진 이야기인지, 아니면 대다수가 모르는 이야기인지 확인 차원에서 과거 인터뷰 기사나 본인의 저작물을 반드시 살펴본다.

그런데 너무나 기본적인 내용이라 오히려 아무도 건들지 않은 주제에, "새삼스러운 질문이라 좀 뭣합니다만…."이라고 용기 내서 물어보고 예상치 못한 수확을 얻기도 한다.

헤비메탈 밴드의 보컬인 데몬 각하의 인터뷰가 그 좋은 예이다.

그를 만난 것은 2010년이었다. 충격적인 데뷔 이후 한참 시간이 흐른 뒤여서 그의 존재를 모르는 사람이 없었다. 그런 그가 그해 데뷔 25주년을 맞아 새로운 앨범을 발표했는데 오히려 본업이 아닌 '스모 평론가'로 화제에 올랐다. 그러니 훌륭한 스모 해설가로서 활약상도 듣는 건 당연했다. 하지만 나는 음악 이야기를 빼놓을 수 없었다. 앨범과 기사 등 사전 자료를 살피다가 문득 궁금해졌다.

"근데, 헤비메탈이 뭐예요?"

록 음악의 일종인 건 알았다. 하지만 록에 어떤 장르가 있고 또 헤비메탈이 어떤 음악인지 기초 지식이 없었다. 앨범을 들어봐도 그가 부르는 헤비메탈에서 어떤 특징이 드러나는지 전혀 종잡을 수 없었다.

"그건 말이죠…."

담당 편집자가 마침 록 음악 마니아였다. 그가 상세하게 설명해 주었지만, 여전히 감이 잡히지 않았다.

"그럼 본인에게 직접 물어보는 건 어때요?"

중얼거리는 구성 작가의 말을 듣고 그러기로 마음먹었다. 만약 '음악 잡지'에 실리는 인터뷰라면 이렇게 쉽게 결정하지 못했을 것이다. 전문지 인터뷰인데 뮤지션을 상대로 "대체 헤비메탈이 뭡니까?"라고 묻는다면 분명 독자들의 항의가 빗발칠 테니까.

"그런 건 다들 알고 있어요! 당신만 모르는 거예요. 자기가 모른다고 무턱대고 인터뷰에서 그런 걸 묻다니 한심하군요. 음악적으로 좀 더 깊이 있는 질문을 해봐요."

타당한 비난이다. 하지만 〈슈칸분슌〉의 독자는 필시 나와 크게 다르지 않으리라. 대부분 록 음악을 잘 안다고 할 수 없는 층위였다. 데몬 각하가 스모 해설가로 활약한다는 사실은 알아도 그가 노래 부르는 모습을 본 적은 없을지 모른다.

이런 판단으로 본인을 앞에 두고 무례하게 보이지 않도록 주의하며 질문했다.

"저어…. 근데, 헤비메탈이 뭔가요?"

데몬 각하는 참 친절한 사람이었다.

"하하하. 록 음악은 아시죠?"

상냥하게 묻더니 말을 이어갔다.

"록 음악이 여러 갈래로 나뉘는데 속도와 격렬함을 추구하는 장르가 있어요. 그게 하드록이에요. 강강강, 가강-강-강-, 타탕-탕타- 방바-방- 이런 느낌이죠."

"아, 네."

"그럼, 빠르고 과격하면 모두 하드록일까요? 그렇지는 않아요. 여기서 다시 장르가 나눠지죠. 빠르고 격렬하지만 드라마틱하거나 과장된 요소를 가미합니다. 가령 클래식에서 멜로디를 따와 곡의 한 지점에 붙이고 다 같이 '다다다단-.' 하고 베토벤의 〈운명〉의 멜로디를 연주합니다. 이런 걸 양식미라고 해요."

"네, 그렇군요."

"쉽게 말하면 양식미의 요소가 없으면 헤비메탈로 인정받지 못

해요. 하드록에 양식을 도입하면 그것이 헤비메탈이 되는 거지요."

"그렇구나. 헤비메탈은 지적인 음악이군요. 좀 중구난방 음악이라고 생각했어요."

"그건 펑크라고 해요. 빠르고 격렬하면서 '노래 잘해서 어쩔 건데! 노래 잘하는 게 뭔 대수야?'라는 식이죠. 하지만 헤비메탈은 노래도 잘해야 해요."

록 음악에 이런 구분이 있다니. 처음 듣는 이야기였다. 그러고 보니 전날 밤에 그의 앨범을 듣고 뛰어난 노래 실력에 놀랐었다. 훌륭한 가정교사처럼 상냥하고 절묘한 그의 설명에 용기 내어 한 가지 더 질문했다.

"앨범을 듣다가 생각했는데요. 이렇게 평소에 말씀하실 때는 저음에 탁성이신데 노래할 때만큼은 보이 소프라노처럼 고음이세요. 왜 그런가요?"

이 질문에도 명쾌하게 답변해줬다.

"그건 이유가 있어요. 헤비메탈은 연주 소리가 엄청나게 큰 음악이라 저음으로 노래하면 전혀 들리지 않아요. 고음이 아니면 묻혀버리죠. 그래서 헤비메탈 뮤지션의 보이스 컬러는 필연적으로 고음일 수밖에 없어요."

이해가 절로 되는 설명이지 않은가. 너무나 기본적인 질문이라 그냥 넘겼던 과거의 수많은 인터뷰가 너무나 후회됐다. 물론 상대를 봐가며 질문해야겠지만 이 세상에는 다들 아는 것 같지만 실은 명확하게 모르는 것들이 얼마나 많은가. 한편으로 이런 가장 기초적이고 근원적인 질문을 즐기며 설명해주는 게스트가 있어 참 위안이 된다.

인터뷰를 마치고 돌아가는 길에 나와 담당 편집자, 구성 작가는 이구동성으로 이야기했다.

"잊고 있었는데 이런 인터뷰 방식도 있었네요."

틀에 박힌 이야기를 벗어나라

인터뷰할 때 미리 관련 자료나 작품을 살펴보는 이유에는 몇 가지 목적이 있다.

첫째, 그 인물이 과거에 비슷한 이야기를 했는지 확인하기 위함이다. 다시 말해 항상 받는 질문이라면 그 이야기를 반복하면서 으레 정해진 답변으로 획일화시킬 가능성이 크다. 인터뷰 일을 하는 내가 '반드시'라고 해도 좋을 정도로 항상 듣는 질문이 있다.

"이 일을 하게 된 계기가 뭔가요?"

나는 애초에 사회로 나가 일할 생각이 전혀 없었다. 앞에서도 말했지만, 가족들 사이에서는 특별히 뛰어난 재능도 없었고 그렇다고 하고 싶은 일도 없었다. 그저 세상 물정 모르는 딸로 유명했다. 얼른 좋은 남자를 만나 결혼해서 가정을 꾸리는 것 외에는 별 다른 방법이 없다고 부모님도 생각했다.

'취직? 과연 내가 할 수 있는 일이 있을까? 요즘 같은 불경기(오일쇼크 이후)에 무능한 내가 운이 좋아 취직해도 고작 차 심부름이나 하겠지. 게다가 몇 년 일하다가 결혼할 거고(당시에는 결혼할 줄 알았다). 그러면 회사에서 민폐잖아. 그렇다면 평생 취직하지 말고 결혼하고 집에서 부업으로 할 수 있게 작은 기술이나 익히는 게 좋겠어.'

그래서 어릴 때부터 동경하던 뜨개질과 직물을 공부했다. 동시에 맞선 자리를 찾아다녔다. 그런데 둘 다 뜻대로 풀리지 않아 좌절했다. 그러던 어느 날, 우연히 방송국에서 리포터를 해보지 않겠냐는 제안이 들어왔다. 이 일을 시작한 계기다.

여기에 이야기를 조금 추가하거나 빼도 답변은 항상 마찬가지다. 이제는 이야기하면서 내가 다 질릴 정도지만 다른 답변을 할 수도 없다. 그런데도 꼭 물어온다.

내가 숱하게 받는 질문이 또 있다.

"왜 결혼은 하지 않으세요?"

당연히 나도 어릴 때부터 결혼이 지상 최대의 목표였다. 그래서 결혼할 줄 알았기에 왜냐고 물으면 뭐라고 할 말이 없다. 우물쭈물 답변하지 않고 있으면 반드시 되묻는다.

"눈이 높으신 건 아니신가요?"

"그렇지 않아요. 어릴 때는 키 큰 사람이라든가 여러 가지 조건이 있었죠. 하지만 지금은 '남자라면 누구라도 상관없잖아.'라고 아버지께 잔소리를 하도 들어서 그런지 점점 눈이 낮아지고 있어요."

지금 생각해 보니 그런 이야기라도 했을 때가 그립다. 이제는 그런 질문 자체를 받는 일이 없다. 받는다고 하면 과거형이다.

"왜 결혼은 하지 않으셨나요?"

그리고 다음 말이 이어진다.

"괜찮아요. 아직은 젊으시잖아요."

나도 안다. 정말로 젊은 사람에게는 젊다고 하지 않는 법이다.

어쨌든 누구나 이렇게 '뻔한 질문'을 하고 '뻔한 답변'을 할 때가 있다. 좋게 받아들이면 그만큼 중요하고 궁금한 이야기라는 의미이기도 하다. 그래서 어떤 인터뷰든, 하기 전에 항상 스태프와 고민한다.

'뺄 수 없는 질문이니 이번에도 물어보긴 해야 해. 하지만 뻔한 답변이면 곤란해.'

이런 바람을 갖고 인터뷰하지만, 솔직히 어떻게 풀어내야 할지 난감할 때가 한두 번이 아니다. 뻔한 답변이 돌아와도 살을 붙이려는 노력은 해야 한다.

가령 내가 나를 인터뷰한다면 어떻게 했을까.

인터뷰이인 나는 "어렸을 때는 키 큰 남자가 좋았어요."라고 이야기했다. 이 뻔한 답변을 듣고 내가 인터뷰어라면 "왜 키 큰 사람이 좋았어요?"라고 살을 붙일 것이다.

"제가 작잖아요. 그래서인지 제게 없는 걸 가진 사람에게 끌리더라고요. 어쩌면 잠재의식 속에 태어날 아이를 생각하는 마음이 있었는지도 모르죠."

"그럼, 지금까지 키 큰 남성만 사귀셨나요?"

"그렇진 않아요. 근데 한번은 35센티미터 정도 차이 나는 사람과 사귄 적이 있어요. 손을 잡고 걸으면 마치 어릴 때 아버지 손에 이끌려 가는 기분이 들었죠. 키 차이가 너무 나서 그런지 목소리도 잘 들리지 않지 뭐예요. 그래서 위를 보며 '뭐라고?' 하며 되묻곤 했어요. 그랬더니 나와 말할 때면 남자친구가 무릎을 굽히거나 계단 아래로 내려갔던 기억이 있네요."

"아버님께서 남자면 된다고 말씀하시기 시작한 건 몇 살 때부터인가요?"

"20대 후반부터요. 20대 초반에는 남자친구와 약속이 있다고만 해도 '결혼은 너무 일러.'라며 역정을 내셨어요. 근데 제가 스물일곱 살이 되던 해부터는 이렇게 말씀하시는 거예요. '벌써 스물일곱이라고? 옛날 같으면 할머니 소리 들어!' 참나, 기가 막혀서. 딸한테 할 소리인가요? 도저히 잊을 수 없는 말이에요. 이때부터 '까다롭게 굴 거 없잖아.' 하시며 누구든 상관없다는 투로 말씀하셨죠."

이렇게 쓰고 나니 별로 재미없는 인터뷰가 되었다. 단지 상황을 예로 든 하나의 사례로 들어주길 바란다.

'뻔한 답변'은 그 답변이 너덜너덜해질 때까지 끊임없이 분석하고 파고들어야 한다. 그러면 틀림없이 새로운 에피소드를 발굴할 수 있다.

대중의 궁금증에 집중한다

인터뷰 전, 자료를 읽어두는 두 번째 목적은 객관적인 태도를 취하기 위해서다. 자료는 본인의 인터뷰 기사에만 한정하지 않는다. 호의적이지 않은 기사나 스캔들 기사도 포함시켜야 한다. 다양한 관점에서 취합한 자료를 토대로 대중의 시선이 어떤지도 생각해 본다.

'항상 어두워 보여.'

'잘난 체하는 거 같아.'

'집에 혼자 있어도 유쾌한 사람일 거야.'

대중의 눈에는 각양각색으로 비칠지 모른다.

'왜 저 사람은 머리 모양이 저럴까?'

'왜 기자 회견에서 그런 말을 했을까?'

대중은 그 인물에 대해 이런 식의 소박한 의문도 품고 있다.

한편으로 나는 영광이라고 해야 할지 막중한 책임이라고 여겨야 할지 모르지만, 독자나 시청자를 대신해 당사자와 만나 그들의 의문을 해소시켜 줘야 한다.

"본인을 앞에 두고 그런 무례한 질문은 할 수 없어요. 제발요."

이렇게 울기 직전까지 갈 때도 있지만 악역을 자처해야 하는 게 사명이기도 하다. 적어도 노력은 해봐야 한다. 그래서 나는 항상 '대중의 궁금증'에 집중한다. 그 궁금증을 명확히 파악하면 개인적인 흥미와는 다른 객관적인 입장을 취할 수 있다.

가령 내가 좋아하는 배우를 만난다고 하자. 하지만 그 배우는 최근에 불성실한 태도 논란이 불거져 작품에서 하차했다. 팬의 입장에서는 안타깝고 서운하다. 하지만 세상 사람들은 어떨까?

'그런 태도를 보였다면 당연히 하차해야지. 그런데 정작 본인

은 어떻게 생각할까?'

세상 사람들은 이렇게 생각하는데 인터뷰어인 내가 "절대 당신 탓이 아녜요. 그런 질문에는 대답하지 않아도 돼요." 하고 인터뷰를 끝낸다면 독자나 시청자는 실망할 것이다.

이럴 때는 마음을 단단히 먹고 물어야 한다. 그렇다고 '내가 세상 사람들을 대신해서 벌을 내리겠소!'라는 태도도 곤란하다. 내게는 그럴 자격도 권리도 없다. 다만 당사자의 기분을 당사자의 말로 전달해야 할 사명만 있을 뿐이다.

묻기 힘든 이야기도 물을 수 있는 용기

하시모토 류타로 전 총리의 부인 하시모토 구미코 여사를 인터뷰할 때의 일이다.

하시모토 전 총리가 자민당 총재에 취임한 직후였다. 대개 미디어 업계에 종사하는 사람들은 정치가에게 비판적인 태도를 견지한다. 국민의 세금을 왜 함부로 사용하는지, 왜 국민을 위한 정치를 한다면서 국민을 먼저 생각하지 않는지 등, 매의 눈으로 감시하며 눈엣가시처럼 대한다. 그래서일까. 여사와의 인터뷰가 결정된 후, 대담 코너의 담당자뿐 아니라 〈슈칸분슌〉 편집부의 편집자들로부터 많은 격려를 받았다.

"아가와 씨, 인터뷰 파이팅!"

"한 방 먹이고 와요."

급기야 이런 요청까지 있었다.

"그 여자더러 스파이를 어떻게 생각하는지 꼭 물어봐요."

당시 하시모토 총리가 중국인 여성 스파이와 혼외정사를 즐겼다는 스캔들로 매스컴이 떠들썩했던 때였다.

"그런 건 못 물어봐요."

나는 손사래 쳤다. 매스컴 입장에서는 중요한 뉴스거리지만 당사자를 직접 추궁해야지 그 배우자를 몰아붙이면 안 된다는 게 내 생각이었다. 여사는 책임이 없을뿐더러 오히려 피해자다. 그녀를 괴롭히는 질문은 할 수도 없었고 해서도 안 된다.

"전, 못 해요!"

말로는 딱 잘라 거절했다. 하지만 독자나 편집부의 열망을 생각하면 꼭 물어야 하는 주제이기도 했다. 이렇게 마음이 흔들린 상태에서 하시모토 사무실을 방문했다.

"처음 뵙겠습니다. 잘 부탁드립니다."

긴장한 목소리로 인사를 했더니 아름다운 기모노를 차려입은 여사가 활짝 웃으며 마치 오랜 친구를 맞이하듯 반겨주었다.

“기모노가 참 곱군요.”

“아가와 씨를 만난다고 해서 신경 좀 써봤어요. 호호호, 부담 갖지는 마요. 실은 인사차 황궁에 다녀왔어요.”

그녀는 풍성한 소맷자락을 펼쳐 보이며 익살맞게 웃었다. 싹싹한 몸짓과 부드러운 미소, 기분 좋은 농담에 나는 단숨에 마음을 사로잡히고 말았다.

‘어머나, 어쩌지? 여사님을 좋아하게 될 것 같아.’

인터뷰 동안에도 ‘하하 호호’ 웃음꽃이 만발했다. 하시모토 총리의 헤어스타일부터 “나는 임신이 취미예요.”라는 말에 이르기까지 대담한 발언이 이어졌다. 부인의 말솜씨는 자연스럽고 사랑스러웠다. 첫 대면임에도 불구하고 나를 경계하는 기색이 전혀 없었다. 이렇게 신뢰해도 괜찮을까 내가 다 걱정될 정도였다. 이런 여사를 앞에 두고 나는 갈등했다.

‘정말로 그 이야기를 꺼내야 할까. 아무래도 무례한데…. 하지만 꼭 질문하라고 편집장까지 신신당부했는데, 어쩌지….’

결국 나는 망설임을 끝내고 질문하기로 결심했다.

"저, 요즘 모든 사람이 총리의…."

"이거요?"

여사가 불쑥 오른손 새끼손가락을 세워 보였다. 그러면서 빙그레 웃는 게 아닌가.

"아. 네에…. 그게…."

난 어쩔 줄 몰라 횡설수설했다.

"네, 넌덜머리가 날 정도죠. 근데 일일이 신경 쓰면 한도 끝도 없어요. 저도 남성 비서나 남성 후원회 회원 분과 단둘이서 이야기할 때가 있잖아요. 서로 의심하기 시작하면 꼬투리 잡을 게 한두 개가 아녜요. 중요한 것은 우리가 맹세했다는 거예요."

이번에는 왼손 약지의 결혼반지를 보여주었다. 마치 어린이가 자기 보물을 자랑하듯 의기양양한 몸짓으로.

물론 여사의 발언 뒤에는 '스캔들 때문에 힘들다, 남편이 밉다, 그냥 넘어갈 수 있는 문제가 아니다'라는 솔직한 심정이 감추어져 있을지도 모른다. 이런 울분을 가슴에 묻고 정치가의 아내로서 그 어떤 세상의 풍파도 견뎌내겠다는 결연한 의지를 드러낸 것인지도 모른다. 하지만 이 모든 것을 고려해도 여사의 태연하고 밝은 모습은 주위 사람을 완전히 매료시켰다.

'역시 총리 부인이구나!'

그 후 여사와 다시 만날 기회가 여러 번 있었다. 지금은 허물없이 지내는 사이가 됐지만 처음 만났을 때의 싹싹함은 변함이 없다. 내가 동경하는 여성 1호다.

그때 묻기 껄끄러운 질문을 용기 내어 물었던 덕분에 소중한 분과 인연을 맺을 수 있었으니 나는 정말 행운아다.

선입관에 빠져 발버둥치지 마라

앞에서 사전 자료를 읽는 목적 중 하나가 대중의 시선을 파악하기 위해서라고 했다. 이는 잘 알려진 정보가 아니라 대중이 모르는 새로운 측면을 발굴하기 위함이다.

"어머나, 의외네요."

인터뷰할 때 나도 모르게 불쑥 이런 말이 튀어나오면 독자나 시청자의 기대에 부응하고 있다는 기분이 든다. 이른바 밥값을 했다는 생각에 뛸 듯이 기쁘다. 타인이 만든 '이미지'는 그 사람의 극히 일부에 지나지 않는다.

내가 어렸을 때 친했던 친구가 "네가 그런 행동을 하다니, 아가와답지 않아."라고 했다. 어떤 행동에서 이런 소리를 들었는지는 기억나지 않는다. 아마도 그 친구는 나를 좋게 봤던 것 같다. 야무진 아이라고 생각했는데 덜렁대고 행동해 실망이라는 뉘앙스였다.

나는 이 말이 마음에 걸렸다. 나의 칠칠맞지 못한 행동을 질책하는 것이라면 충분히 납득할 수 있지만 그런 행동을 했다고 '아가와답지 않다.'라고 단정 짓는 것에는 동의할 수 없었다. 결국 이를 따져 물었다가 더 놀라고 말았다. 친구는 나를 훨씬 깔끔하고 꼼꼼한 사람으로 생각했던 모양이었다.

"나를 그렇게까지 생각했구나."

친구의 기대를 저버리고 실망을 안겨준 꼴이 되고 말았다. 또 다른 친구는 내게 슬그머니 다가와 이렇게 말했다.

"저런 애와 어울리다니 아가와답지 않아."

이번에도 무척 놀랐다. 이 말을 한 친구 A는 '저런 애' B와 성격도 취미도 완전히 달랐다. 만약 완충 역할을 하는 내가 없었다면 A와 B는 전혀 친해질 수 없었다. 하지만 나에게는 둘 다 소중한 친구였다. 그런데도 A는 내가 B와 어울리는 것을 못마땅해했다.

'왜 함부로 나를 단정짓는 걸까?'

사람은 저마다 상대에게 보여주는 얼굴이 다르다. 누구에게든 자신의 전부를 보여줄 수 없다. 하지만 상대는 자신이 보는 얼굴이 그 사람의 전부라고 인식한다. 그래서 자신이 모르는 '의외의 얼굴'을 발견하면 충격을 받는다.

나도 어쩌면 착실한 친구 A와 있을 때는 비교적 착실한 면만을 드러낸 모양이다. 공부보다 노는 것을 더 좋아한 친구 B 앞에서는 불량스러운 이야기나 행동을 했을지 모른다. B와 장난치는 모습을 목격한 A는 '아가와의 저런 모습은 처음이야. B와 친하게 지내는 건 아가와를 위해서 좋지 않아.'라고 생각했으리라. 하지만 내 안에는 착한 모습도, 장난스럽고 불량한 모습도 모두 있다. 그러니 어느 한쪽만 나라고 할 수 없다.

사람은 누구나 각도에 따라 성격이 다르게 나타날 수 있는 360도의 구체이다. 상대에 따라 각도를 조절하여 보여주고 싶은 모습을 드러낸다. 학창 시절의 친구에게는 북북서의 각도를 보여주고, 연인 앞에서는 남남서의 각도를 보여주는 식으로 말이다. 어떤 각도든 틀림없이 자신의 모습이지만 상대가 다른 각도의 모습을 본다면 '너답지 않다'라고 할 것이다. 하지만 360도의 모습을 다 보여준다면 상대는 쉽게 싫증낼지 모른다. 아무리 시간이 흘러도 알 수 없는 미지의 부분을 남겨두어야 상대가 흥미를 잃지 않는 법이다.

"매일 얼굴을 마주하는 사이인데도 아직 모르는 게 많아요. 잘 안다고 생각했는데 이 사람에게 이런 면이 있구나 싶을 때 신선한 모습이 보여요. 그래서 질리지 않는 모양이에요."

어느 잉꼬부부가 해준 말이다.

'그렇구나! 그래야 백년해로를 하는구나.'

이야기가 또 다른 데로 샜지만 이런 부부를 보면 그저 부럽다.

‘의외성’은 중요하다

인터뷰하기 전에 ‘이런 사람일 거야.’라는 선입관을 갖지 말자. 먼저 어떤 사람이라고 단정하면 그 생각에서 벗어나기 어렵다. 그리하여 상대와 대면했을 때 그를 탐구하기보다 ‘이런 사람이 아니구나. 의외네.’라는 결과만 얻기보다 선입견이 없으면 그 의외성으로 그를 들여다보게 된다.

이 ‘의외성’은 인터뷰할 때 매우 중요한 포인트가 된다. ‘어머나, 의외야!’라고 생각하는 부분이 조금이라도 보이면 나는 ‘오예!’ 하고 쾌재를 부른다. 지금까지 알려지지 않은 게스트의 다른 모습, 생각지도 못한 새로운 측면을 엿볼 수 있다면 성공한 인터뷰이기 때문이다.

“만나보니 좋은 사람이네요.”

19년 동안 〈슈칸분슌〉의 대담 코너를 진행하면서 이 말을 몇 번이나 했는지 모른다.

“뭐예요. 만나기 전에는 그렇게 만나기 싫어하더니.”

동료들의 이런 핀잔은 야속하다.

만나기 싫다고 한 건 상대가 싫어서가 아니다. 인터뷰어로서 잘할 자신이 없어서 두려운 마음에 그렇게 말했다. 그러나 막상 예상과는 달리 편하고 유쾌한 시간을 보내면 나는 마음이 편안해지면서 안도감이 든다.

물론 만나기 전뿐만 아니라 만난 후에도 여전히 '궁합이 안 좋은 사람'도 있다. 하지만 그런 사람조차도 '매력적인 부분', '존경스러운 부분'이 있다. 그래서 인터뷰를 마치면 '정말 사람은 사귀어보지 않으면 알 수 없구나.' 하고 절실히 실감하게 된다.

우리는 다른 사람의 행동을 읽고 자신이 어떻게 말해야 할지를 판단한다.
우리는 다른 사람을 관찰함으로써
우리가 헤엄쳐 나갈 수 있는 여지를 찾을 수 있다.
벤저민 프랭클린

PART 3

상대의 마음을 끌어당기는 소통의 기술

The Power of Listening to Open your Heart

맞장구는 대화의 윤활제이다

임상심리학자 가와이 하야오 교수는 인터뷰에서 '듣기'의 중요성을 새삼 일깨워주었다. 그는 문화청 장관을 지내기도 했지만, 본업은 마음에 다양한 상처를 안고 사는 분들을 상담하는 '세러피스트'이다. 그래서 이런 질문으로 시작했다.

"환자에게 어떤 조언을 해주시나요?"

"조언은 하지 않습니다."

조언하지 않는다니 의외였다. 그럼 상담할 때 뭘 하는 거지?

"저는 그저 듣기만 해요. 귀담아들으면서 '네에, 그런가요?, 힘드시겠군요, 맞아요, 그래서요?' 하고 맞장구를 치거나 이야기를 꺼내도록 유도만 하죠."

"조언하지 않는 이유라도 있으신가요?"

궁금한 마음에 바로 물었다.

예전에 한 젊은이의 고민을 듣고 '이렇게 하면 어떨까?' 하고 제안한 적이 있다고 한다. 젊은이는 조언을 받아들이고 실행에 옮겼다. 그리고 얼마 뒤 젊은이가 다시 교수를 찾아왔다.

"많이 좋아졌어요. 선생님의 조언 덕분입니다."

안도한 교수는 또 무슨 걱정거리가 생기면 언제든 찾아오라고 했다. 그리고 또 얼마 뒤 젊은이가 다시 찾아왔다. 이번에는 무척 흥분한 상태였다.

"선생님 말씀대로 했는데 엉망이 되어버렸어요. 어떡하실 거예요!"

교수는 이 일화를 들려주고는 다시 이야기하기 시작했다.

"남의 조언이 효과를 발휘하면 문제 될 게 없지만 그렇지 않으면 조언이 잘못되었다고 생각하게 마련이죠. 그래서 모든 불행을 조언 탓으로 돌려요. 자기 안에 있는 다른 원인은 찾으려고 하지 않지요."

마음의 병을 고치겠다면 스스로 그 원인을 찾아내야 한다. 그런데 남의 말에 의존하면 어떻게 될까? 일이 잘 풀리지 않으면 애꿎은 남 탓만 하며 시간을 보낸다.

"그러니 조언은 치료에 도움이 되지 않아요."

그래서 교수는 조언하지 않는다고 단호히 말했다.

직업상 나도 그저 듣는 사람에 불과하다. 물론 상대의 고민을 듣는 것은 내 일이 아니다. 하지만 인터뷰를 하다 보면 가끔 이런 말을 듣는다.

"아가와 씨와 이야기했더니 생각이 정리되네요."

"잊고 있었는데, 오늘 다시 기억났어요."

결코 내가 의도한 일이 아니다. "잘 생각해봐요. 더 있잖아요?"라고 무리하게 상대의 기억을 추궁한 적도 없다. 그런데도 상대는 이렇게 말한다.

"지금 알게 됐어요. 내가 이런 생각을 하고 있었군요."

이야기를 듣는다는 것. 다정하게 듣는다는 것. 그것은 자신의 의견을 주장하거나 자신이 해결해주겠다는 욕망을 버리고 그저 묵묵히 들어주는 것이다. 들으면서 가끔 '귀담아듣고 있어요.', '더 듣고 싶어요.'라는 신호만 보내주면 된다. 그러면 상대의 숨겨둔 생각이 저절로 말이 되어 흘러나온다.

부끄럽지만 〈슈칸분슌〉의 대담 코너를 시작하면서 나는 시로야마 작가처럼 '맞장구의 달인'이 되고자 했다. 하지만 얼마 지나지 않아 맞장구만으로는 중요한 이야기를 끌어낼 수 없다는 고민에 빠졌다. 그렇게 4년을 버틴 뒤 가와이 교수를 만나 큰 가르침을 얻은 것이다.

"그저 묵묵히 듣는 일이 상대의 마음을 여는 열쇠입니다."

이 말을 듣고 천군만마를 얻은 듯 기뻤다.

한편으로 일본인에게 '맞장구'가 없다면 어땠을까 생각해 본다. 자동 응답기에 대고 혼자 떠드는 것 같은 곤혹스러움을 느낄 것이다. 만약 자동 응답기에 '맞장구 모드'가 있다면 어떨까?

"여보세요."

"네. 여보세요."

"아가와입니다. 실은 내일 골프 약속 건인데요."

"네."

"원고를 마감 못 해서요."

"아이고."

"정말 죄송한데 못 갈듯해요."

"이런."

"괜찮으세요?"

"음…."

"죄송해요. 갑자기 이런 말씀을 드려서…."

"아닙니다."

"다음에는 꼭 참석할게요."

"네네."

이런 기능이 있다면 자동 응답기라도 메시지를 남기기가 부담

스럽지 않을 것이다. 그만큼 맞장구는 편안히 말하도록 만드는 유도제이다.

일본인이 상대의 말에 장단을 맞추거나 맞장구치기 좋아하는 이유는 아마도 언어와 관련이 있지 않을까 싶다.

대학생 때 배운 언어학 수업에 따르면, 일본어의 긍정과 부정은 서구의 언어와 달리 문장의 끝에서 결정된다. 즉 "이 요리는 맛이 없군요."를 영어로 표현하면 "This dish is not so good."이다. 이처럼 주어 다음에 긍정과 부정을 결정해야 하지만 일본어는 '이 요리는 맛이….'까지 긍정과 부정의 표현이 보류된다. '맛이 없구나.' 하고 속으로 생각해도 '맛이….'까지 말해보고 상대의 안색을 살피며 맛있다는 얼굴이면 급히 "있네요."라며 자신의 주장을 거둬들일 수 있다. 상대의 반응을 관찰하며 자신의 의견을 조정할 수 있도록 편리하게 만들어진 언어인 셈이다. 이렇게 일본인은 상대의 반응을 면밀하게 확인한 뒤 신중하게 이야기한다.

그런 까닭에 이야기할 때 아무런 맞장구가 없으면 '내가 뭔가 잘못 말하고 있나?' 혹은 '제대로 듣고 있나?'하고 불안해한다. 반대로 이따금 "아하.", "맞아.", "그렇구나." 하고 장단이 들려오면 신이 나서 말할 맛이 난다. "그래서 어떻게 됐어?"라고 재촉이 들어오면 이야기에 자신감까지 붙는다. 민요의 추임새도 같은 역할이다.

"얼쑤!"

"좋아!"

"그렇지!"

이런 추임새를 넣느냐 마느냐에 따라 노래의 분위기가 확연히 달라진다.

내가 아는 편집자 중에는 항상 '똑같은 말'로 맞장구를 치는 사람이 있었다.

"어제 집에서 넘어졌지 뭐예요."

"아, 그래요?"

"책상에 코를 세게 부딪쳐서 코피가 철철 흘렀어요."

"아, 그래요?"

"피가 멎지 않아서 솜으로 틀어막고 잤는데…. 오늘 아침에 병원에 갔더니 다행히 뼈에는 문제가 없다고 해서 안심했어요."

"아, 그래요?"

"그래서 말인데요. 죄송하지만 원고를 아직 다 마무리하지 못했어요."

"아, 그래요?"

"마감일을 이번 주말까지로 연장해주셨으면 해서요."

"아, 그래요?"

뭔가 맥이 빠지는 반응이긴 하지만 그렇다고 화난 것 같지는 않다. 놀랐다거나 곤란하다는 기색도 없다. 그러니 마감일을 연장해달라는 부탁을 어떻게 받아들이는지 도무지 알 길이 없다. 다쳤다는 말에 위로해 달라는 건 아니지만 너무 무심해서 한 번 물어보기로 했다.

"그거 버릇인가요?"

"네? 뭐가요?"

"매번 '아, 그래요?'라고만 하잖아요."

"아, 그래요?"

그에게 악의가 없다는 것은 평소 밝게 웃는 얼굴에 잘 드러난다. 하지만 무심한 맞장구는 말하는 사람을 맥 빠지게 한다.

'맞장구'의 능력을 길러라

〈슈칸분슌〉의 대담 코너를 시작할 때 나도 맞장구에 그리 능숙하지 않았다. TV 인터뷰 방식에 익숙해져 있었기 때문이다. TV 방송용 인터뷰(생방송인 경우에는 다르지만)는 가능한 한 맞장구를 치지 말라고 한다. 게스트가 말하는 도중에 "네에.", "그렇군요.", "아하."라는 소리가 들어가면 게스트와 진행자의 목소리가 겹쳐져 나중에 편집하기가 매우 어려워진다는 이유였다.

그렇다고 그저 잠자코 듣기만 하면 이야기하는 사람은 '잘 듣고 있는 건가?' 불안할 수 있다. 그래서 나는 상대의 얼굴에서 눈을 떼지 않고 고개를 끄덕이는 방법을 썼다.

이런 버릇이 〈슈칸분슌〉의 대담 코너를 진행할 때도 나온 모양이다. 나는 전혀 인지하지 못하고 있었는데 어느 날 구성작가가 지적했다.

"아가와 씨, 맞장구를 좀 넣어 봐요. 안 그러면 게스트의 말이 길어져 읽기 힘든 대담이 되거든요."

강연처럼 혼자 말하는 원고와 달리 대담 원고는 혼잣말이 길어지면 대화 형식이 무너져 독자가 읽어내기 어려워진다. 그러니 인터뷰어는 틈틈이 어떤 말이든 반응해주어야 한다.

"네에? 나름 맞장구를 치고 있어요."

"녹음된 거 한번 들어봐요. 아가와 씨의 말은 질문 외에 전혀 없어요."

그제야 깨달았다. 나름 맞장구를 쳤지만 목소리는 전혀 내지 않고 있었던 것이다.

그렇구나. 잡지 인터뷰에서는 인터뷰어가 빈번하게 목소리로 반응해줘야 한다니. 신선한 발견이었다.

앵무새는 대화의 비밀을 안다

맞장구에도 여러 종류가 있다. "아하.", "이런.", "음…." 등의 가벼운 장단에서부터 상대의 말에 공감한다는 의미로 "네에.", "그렇군요." 등의 깊이 있는 반응까지 다양하다. 허물없는 사이라면 "그렇군요."가 아니라 "맞아. 맞아."처럼 친근한 표현이 좋다. 실제 대화에서는 상황에 적절하게 반응하지만, 잡지에 실릴 때는 똑같은 맞장구가 반복되면 아무래도 지루한 감을 준다. 그 점을 감안해 원고를 고치기도 한다.

조심해야 할 맞장구도 있다. 배우 니시무라 마사히코와 인터뷰할 때 '아차' 싶은 순간이 있었다.

"저는 누가 '네?', '응?' 하고 되물으면 상처받아요."

"…?"

"예전에 제가 무슨 말만 하면 입버릇처럼 '응?' 하는 친구가 있었어요. 이 말을 들으면 저는 왠지 기분이 상해서 '왜 항상 되물을까?' 하고 생각했죠."

"아, 죄송합니다."

"아뇨. 비난하려는 건 아니고요. 그래서 저도 '응?'이라고 받아쳐 볼까 했죠."

보통 "네?"나 "응?"은 상대의 말이 잘 들리지 않을 때 다시 한번 더 이야기해달라는 의미로 사용한다. 그런데 니시무라 씨의 이야기를 듣고 보니 다소 가시가 돋친 맞장구라는 생각이 들었다. '목소리가 너무 작잖아. 잘 안 들려.'라든가 '설마 정말로 그렇게 생각해?'와 같은 뉘앙스가 숨어있기 때문이다. 그렇다면 "네?"나 "응?"은 상대를 살짝 멸시하는 의미가 담긴 맞장구가 아닐까. 물론 말하는 사람은 그럴 의도가 없겠지만 듣는 사람은 그렇게 받아들일 수 있다는 뜻이다.

이 이야기를 듣고 난 후부터 나는 "네?"라는 말이 튀어나올 때마다 '아차' 하고 후회한다. 동등한 관계라면 그나마 다행이지만 상사나 윗사람을 상대로 "네?"라는 반응은 좋지 않다. 정말로 잘 들리지 않으면 "잘 들리지 않습니다." 하고 정중히 말한다. 그리고 나는 '앵무새 질문'을 활용한다.

"열여섯 살 때 처음 가출해서 오키나와까지 갔어요."
"오키나와까지요?"
"사실 저는 엄청 겁쟁이예요."
"겁쟁이라고요?"

앵무새처럼 "오키나와까지요!?", "겁쟁이라고요?"라고 상대의 말에 따라 하며 그대로 질문하는 방식이다. 이 '앵무새 질문'은 상대의 말에 놀랐을 때 주로 사용하는데 말하는 사람의 주위를 환기시키는 효과가 있다. '앵무새 질문'은 앞선 답변에 더 구체적으로 뒷받침할 내용이 필요할 때 유용하다.

"사실 저는 엄청 겁쟁이예요."

"겁쟁이라고요?"

"네. 어릴 때부터 유령의 집이라면 기겁을 했고요. 천둥소리는 지금도 너무 무서워요."

이런 식이다.

'앵무새 질문' 이외에 답변을 재확인하고 싶다면 "구체적으로는요?"라든지 "예를 들면요?" 등의 말도 효과적이다.

한번은 영어로 인터뷰해야 했던 적이 있다. 서툰 영어 실력에 난감해하고 있는데 "상대의 말을 못 알아듣겠으면 'Please be more specific'이라고 하면 돼요."라고 말해준 사람이 있다.

즉, "구체적으로는요?"라는 의미인데 서툰 영어 실력이 들통날 염려도 없고 상대는 처음 답변보다 알기 쉽게 풀어서 설명해줄 거라고 했다. "제가 영어를 못해서 그러는데요…. 한 번 더 말씀해주세요."라고 부탁하는 것보다 훨씬 그럴싸해 보였다.

일본어도 마찬가지다. 일본어를 알아듣기는 하지만 이야기 내용이 이해되지 않거나 추상적일 때 "예를 들면요?", "구체적으로는요?"라고 되물으면 상대방은 반드시 다른 말로 알기 쉽게 풀어 준다.

이 밖에도 이야기를 재촉할 때는 "그래서요?", "그리고요?" 등의 표현이 유효하고, 이유가 궁금하다면 당연한 말이지만 "왜요?", "어째서요?"가 있다. 그리고 '앵무새 질문' 말고도 "정말로요?", "진짜요?" 등으로 놀랍다는 반응을 보여주어도 좋다. 상대에 따라서는 좀 경박하게 "헐….", "대박!" 같은 반응으로 친근함을 과시하는 것도 나쁘지 않다.

이렇게 맞장구나 짧은 장단을 넣어주면 대화가 한결 수월해진다. 반드시 주어, 서술어로 구성된 질문을 하지 않아도 된다. 이른바 맞장구란 아궁이의 불을 지켜보다가 약해졌다 싶을 때 꺼내드는 부채와 같다.

'붙임성'은 언제든 좋을까

처음 보는 사람에게 다가갈 때는 어떻게 하면 좋을까?

한동안 관찰하다가 위험한 사람이 아니라는 판단이 섰을 때 움직이는 신중한 유형, 상대가 움직일 때까지 전혀 관심을 주지 않는 유형, 친해지고 싶다며 먼저 말을 걸고 적극적으로 다가가는 유형이 있다.

나는 세 번째 유형에 가깝다. 대화를 주도할 만큼 학식이나 교양이 부족해서 어색함을 무마하려고 필요 이상으로 유쾌한 모습을 보이며 떠들어댄다. 언제부터인지는 모르겠지만 말하자면 '웃는 얼굴에 침 못 뱉는다'는 격언을 실천하고 있는 셈이다.

어느 날, 새로운 프로젝트를 맡으면서 새롭게 만난 동료들과 어울릴 기회가 생겼다. 나는 언제나처럼 사람들에게 먼저 다가가 미주알고주알 캐묻고 시답지 않은 농담을 해댔다. 그런데 하필 상대가 낯가림이 심한 사람이었다. 그날은 몰랐는데 나의 노골적인 태도가 마음에 들지 않았던 모양이다.

며칠이 지난 어느 날, 사람 사귀는 게 서툴고 숫기가 부족할 뿐이라고 믿었던 그 사람이 회의 중에 내게 버럭 화를 냈다.

"제대로 조사해서 와야죠! 은근슬쩍 넘어가려고 하지 말란 말입니다!"

나는 기함할 듯이 놀랐다. 은근슬쩍 넘어갈 생각은 추호도 없었다. 물론 조사가 부족했을 수 있고 사회생활을 하다 보면 질책을 당할 수도 있다. 하지만 이제 막 친해졌는데 이게 얼굴을 붉히면서 격노할 문제인가 싶었다. 그 후로 그 사람과는 서먹서먹해져서 마지막까지 어색한 관계를 풀지 못했다.

이 일은 내게 인간관계에서 중요한 지점을 짚어주었다. 붙임성 있게 다가간다고 모든 사람이 호의적으로 받아 주지 않는다. 사실은 이런 생각 자체가 잘못이며 교만이었다.

그렇다고 싹싹하게 굴지 말라는 뜻은 아니다. 다만, 상대의 입장이나 서로의 관계를 무시하고 자신의 방식대로 밀어붙이면 반감이나 경계심이 유발될 수 있으니 주의하자는 말이다.

붙임성에도 여러 종류가 있다. 힘이 느껴지는 적극적인 붙임성이 있는가 하면, 은근히 다가오는 조용한 붙임성도 있다. 페로몬이 느껴지는 자극적인 붙임성도 있고, 얼핏 무뚝뚝한 듯 다가오는 붙임성도 있다.

소설가 와타나베 준이치를 처음 만났을 때 솔직히 말하면 나는 긴장되고 두려웠다.

"처음 뵙겠습니다. 오늘 잘 부탁드립니다."

그에게 명함을 건네며 인사했는데 "네." 하고 짧은 대답이 돌아왔다. 옆에 있던 비서가 내게 줄 명함을 찾으려고 가방을 뒤지다가 찾지 못했는지 그에게 물었다.

"선생님, 혹시 명함 가지고 계세요?"

"없어."

통명스럽게 던지는 와타나베 씨의 말투에 나는 그대로 돌아서고 싶었다.

'어떡하지, 기분이 영 안 좋으신가 봐.'

자리를 피할 수 없는 노릇이라 어쩔 수 없이 인터뷰를 시작했다. 그런데 처음 우려와 달리 허접한 내용의 질문에도 성의껏 답변해주는 게 아닌가. 일단 마음이 조금 놓였다. 하지만 여전히 무서움은 가시지 않았다.

사람의 마음을 사로잡는 힘

인터뷰의 주제는 베스트셀러에 오른 작품 《화신化身》이었다.

"나는 인간이 참 좋소. 뭐니 뭐니 해도 인간은 참 잘 변하거든. 착실하던 사람이 어처구니없는 짓을 벌이기도 하고, 순진하던 사람이 음란해지기도 하지. 이렇게 변하는 모습이 매력적이고 참 재미있소."

조금 전까지만 해도 언짢아 보였던 얼굴에 조금씩 미소가 보였다. 다소 기분이 누그러진 듯해 용기를 냈다.

"평생 사랑하겠다고 말해 놓고 왜 변할까요?"

"그래서 멋지다는 거요. 그래야 기쁨도 있고 슬픔도 있어서 발전할 테니까."

목소리도 점점 강해졌다.

"예를 들어 여자는 남자에 빠지면 남자의 모든 면이 좋아 보일 때가 있잖소?"

"글쎄요…."

"처음에는 싫은 남자와 울며불며 반강제로 관계를 맺었는데 육체관계를 계속 맺다 보면 그 남자의 다정한 면을 발견하고 홀딱 빠지는 거지. 이렇게 변하니까 인간이 멋진 거요. 그런 경험 없소?"

갑작스러운 질문에 당황했다.

"아, 아뇨. 아직…."

이렇게 말하자 그는 '크크' 웃었다.

"그런 경험을 하고 나서 다시 인터뷰하면 좋겠군."

처음의 퉁명함은 어디로 가고 이제는 남자 복이라고는 눈곱만큼도 없어 보이는 나를 놀렸다. 어쨌든 와타나베 씨는 인터뷰 전과 후 가장 격심한 변화를 보여준 사람이었다.

그 후 지금까지 그와 여러 번 더 만났다. 그의 강연도 몇 번 들었는데 단상에 올라가 마이크를 잡기 전까지는 매번 목소리가 작고 웃음기도 찾아볼 수 없다. 그러면 청중은 '오늘 강연자의 기분이 별로인가 봐?' 하고 긴장한다. 동시에 의자 등받이에서 등을 떼고 바짝 앞으로 몸을 숙여 어떻게 강연이 전개될지 주목한다. 그러면 그는 분위기를 잡고 이야기를 시작한다.

"이혼은 말이죠. 부부가 서로 바쁘면 하지 않아요. 한가하니까 이런저런 쓸데없는 트집거리가 생기는 겁니다. 연예인들 이혼하는 걸 보세요. 보통 쉬었다가 활동을 재개할 때가 가장 많아요."

"와하하하!"

청중들은 웃음을 터트릴 수밖에 없다. 강연자가 벌컥 화를 내지 않을까 조마조마했는데 상상하지 못한 우스갯소리를 하니 더

욱 즐거운 것이다. 와타나베 씨만의 청중을 사로잡는 독창적인 방법이었다.

이는 처음 보는 사람에게 다가가는 방법으로도 효과적일 것 같다. 항상 생글거리는 사람이 친절한 것보다 무뚝뚝하고 험상궂게 생긴 사람이 친절하면 더 멋져 보이니까. 그래서 험악한 인상이지만 실제로는 다정한 사람을 보면 부럽다.

하지만 나 같은 사람은 흉내 내기도 힘들다. 내가 돌연 미간을 잔뜩 찌푸리고 처음 보는 사람 앞에서 퉁명하게 있어봤자 '뭐야, 이 기분 나쁜 여자는?' 하고 아무도 말을 걸어주지 않을 것이다.

그러니 자신에게 어울리는 붙임성을 써야 한다. 그렇지 않으면 첫인상부터 꼬일 수 있다. 무조건 싹싹하게 군다고 상대의 마음을 열 수 있다고 착각마라. 이는 큰 실수를 범하는 지름길이다.

위로하는 말은 2초 뒤에

대담 코너를 막 시작했을 무렵 "아가와 씨는 대담 중에 '무슨 그런 말씀을요.'이라는 표현을 자주 하시네요."라는 지적을 받았다. 당시에는 그게 무슨 의미인지 속뜻을 정확히 파악하지 못했다. 지금 생각하니 '매번 같은 맞장구를 치면 읽을 때 눈에 거슬린다.' 또는 '그런 애매한 답변은 성의가 없어 보인다.'라는 의미인 듯싶다.

예를 들어 상대가 "저는 이제 더 이상 안 통하는 것 같아요. 그러니 이제 슬슬 은퇴해야 하지 않을까 생각해요."라는 말을 했다고 하자. 이럴 때 단호하게 "아닙니다! 안 통하다니 말도 안 돼요."라고 책임도 못 지는 말을 할 자신이 없다. 그렇다고 친분도 없는데 "정말 그러네요. 아무래도 은퇴할 타이밍인 것 같아요."라며 반농담으로 받아칠 수도 없다. 무작정 상대를 감싸는 말도 좋지 않지만, 그렇다고 상대에게 상처를 줄 수도 없는 노릇이다. 어떻게든 위로하겠다는 생각에 적당한 말을 고르다가 "무슨 그런 말씀을요." 하고 어중간한 표현으로 상황을 모면한다.

그런데 이런 지적을 받고 나니 그러한 상황에서 어떻게 대처해야 할지 계속 고민하게 되었다. 본인은 겸손한 태도로 한 말일지 몰라도 이런 상황이라면 누구든 따뜻한 위로를 기대하는 게 인지상정이다. 기분이 울적할 때는 더더욱 자신의 약한 모습에 상대가 어떤 반응을 보이는지 촉각을 곤두세우고 있을 텐데 과연 어떤 말이 적절할까.

나는 인터뷰를 나갈 때 헤어나 메이크업을 전문가에게 맡긴다. '바바'라고 부르는 친한 헤어메이크업 아티스트가 있는데 항상 젊은 보조 직원을 데리고 다닌다. 한번은 내가 거울에 비친 그 보조 직원을 보고 말했다.

"어머나, 어쩜 피부가 저리 고울까! 너무 부러워요."

놀라우리만큼 탱탱한 핑크빛 피부에 나도 모르게 그런 말이 튀어나왔다. 그 직원은 손을 내저으며 쑥스러운 듯 고개를 옆으로 돌렸다.

"에휴, 근데 내 얼굴은 이게 뭐람. 주름투성이에 볼도 축 처지고 이제 할머니잖아."

내 얘기를 들으며 보조 직원은 피식 웃을 뿐이었다. 그 틈에 바바가 끼어들었다.

"웃기만 할 거야? 그럴 때는 '그렇지 않아요!' 하고 재깍 말해야지."

그제야 직원은 당황해하며 나를 향해 사죄했다.

"죄송합니다. 그렇지 않아요."

그러자 바바가 딱하다는 듯 한소리 더 보탰다.

"지금 말해봐야 이미 늦었어. 그런 건 바로 말하지 않으면 소용없어."

나는 웃고 말았다. 그리고 시험 삼아 바바에게 물었다.

"머릿결이 좀 얇아지지 않았어요? 머리숱도 많이 줄고…."

그녀는 내 말이 끝나기도 전에 지체하지 않고 답했다.

"절대 그렇지 않아요. 아직도 이렇게 풍성하잖아요!"

한 치의 틈도 주지 않는 신속한 반응에 놀랐다. 하지만 억지로 입막음을 당하는 것 같아 믿음은 가지 않았다. 사실은 머리카락이 많이 빠져 휑한데도 예의상 하는 말이라는 생각에 그녀를 한 번 흘겨봤다.

"나 살 많이 쪘죠?"

"아뇨, 그렇지 않아요!"

아무래도 상처받을 수 있는 상황이다. 속으로는 살이 쪘다고 생각하지만, 상대를 배려하는 차원에서 아니라고 말한다는 느낌을 지울 수 없었다.

"나 살 많이 쪘죠?"

"음…. 아뇨, 전혀…."

그렇다면 이처럼 충분히 뜸을 들인 뒤에 답변하면 어떨까?

반응이 느리면 느린 대로 할 말을 찾지 못했거나, 적절한 말을 고르고 있나 싶어 이 또한 마찬가지로 상처를 받을 수 있다. 그렇다면 얼마나 뜸을 들이고 부정해야 의심을 줄일 수 있을까. 나와 바바, 보조 직원은 그 자리에서 실험해보기로 했다.

실험 결과, 3초는 너무 길고 1초는 짧은 느낌이었다. 그래서 그 중간인 2초 정도가 타당하다는 결론에 합의를 봤다.

재미 삼아 실험해 본 것뿐이지만 어쩌면 긍정 또는 부정의 답변은 그리 중요하지 않을 수 있다. 말투나 표정, 몸짓, 말의 속도나 톤 등이 모두 어우러져 위로가 전달된다. 사실을 떠나 그 말로 위안을 받는다면 그걸로 족하지 않을까.

상대가 겸손한 태도를 보이거나 자기비하적인 이야기를 할 때, 혹은 자신을 부정하는 발언을 할 때는 어떤 말을 해주는 것이 가장 적절할까. 정답은 없다. 말이 아니라 말속에 마음을 담아 전할 수 있으면 상대를 안심시킬 수 있다.

진실된 마음이 관건

유명 언론인 지쿠시 데쓰야가 앵커인 뉴스 방송에서 보조 진행을 하던 때였다. 그때 시골에서 혼자 사는 고령자를 취재한 적이 있었다. 여든 살쯤 된 할아버지가 커다란 목조 주택에서 홀로 지내고 있었다. 자녀들은 독립해서 도시로 나갔고 아내와는 사별했다. 혼자서 집을 지키며 작은 밭을 일구는 정도의 기력은 남았지만 언제 병에 걸리거나 노환으로 쓰러질지 모를 만큼 쇠약해 보였다.

"할아버지, 괜찮으셔? 반찬 좀 만들어 왔어요. 이따 드셔요."

이따금 사회복지사가 방문해서 한두 마디 나누는 일 이외에는 찾아오는 사람이 없는 일상이었다.

나는 할아버지 옆에 앉아 인터뷰를 시작했다.

"쓸쓸하지 않으세요? 자녀분이나 손주들이 오면 좋겠죠?"

"어차피 머지않아 갈 몸이니 괜찮아."

엷은 미소를 보이며 중얼거리듯 하는 말씀에 마음이 쓰였다.

“에휴, 그런 말씀 마세요. 그런 소리 하시는 거 아녜요.”

나도 모르게 말이 튀어나오면서 할아버지 무릎을 ‘탁’ 쳤다. 어딘가 꾸짖는 모양새가 되고 말았다. 이런 모습이 그대로 방송을 타고 나갔고 지쿠시 앵커가 그 장면을 가리키며 한마디 했다.

“아가와 씨는 저런 말을 해도 어색하지 않단 말이야.”

“네에?”

영문을 몰라 물었다.

“저런 반응을 보이는 게 쉬운 일이 아니거든.”

칭찬처럼 들리기는 했지만 말의 의도를 도무지 감 잡을 수 없었다. 무엇보다 그때까지 인터뷰하면서 누군가에게 칭찬을 받아본 일이 없어 뭐가 좋았다는 건지 알 수 없었다. “무슨 그런 말씀을요.”를 연발해서 주의를 받은 내가, 별로 다를 것 없는 “그런 말씀 마세요.”라는 말로 칭찬을 받다니. ‘무슨 그런 말씀을요.’와 ‘그런 말씀 마세요.’가 어떻게 다른 걸까?

어쩌면 상대가 겸손을 보이며 하는 말에 어느 정도 틈을 둬야 하는가와 같은 맥락의 이야기가 아닐까 싶다. 상대의 말에 얼마나 성의를 표시하느냐가 관건이다. 진실한 마음만 전달할 수 있다면 어떤 말을 하든 어떤 표현을 쓰든 뭐가 중요할까.

얼마 전, 오랜만에 바바와 만나 새로운 발견을 했다. 평소처럼 거울 앞에 앉아 바바에게 말했다.

"요즘 너무 나이 들어 보여요. 건망증도 나날이 심해지고 눈도 침침하고 귀도 잘 들리지 않아요. 인터뷰 일도 오래 못해 먹겠어요."

그러자 바바는 연신 노련한 손놀림으로 머리를 만지며 무심히 한마디 툭 던졌다.

"뭐라셔, 뭔 말인지 모르겠네요."

별일 아니라는 듯한 말투와 몸짓이었다. 그 무심함이 내 기분을 어루만져주는 느낌을 받았다. 꽤 괜찮은 답변이 아닌가? 나도 언젠가 꼭 한 번 써먹어 보리라.

상대의 눈에 든 기분에 주시하라

우리는 예절 교육에서 대화할 때 상대의 눈을 보라고 배웠다. 그래서 나도 특별히 예의를 차려야 하거나 진지한 이야기를 들을 때면 상대의 눈을 가만히 쳐다보는 버릇이 있다.

테니스 선수 마르티나 힝기스와 인터뷰할 때의 일이다. 돌연 그녀가 웃음을 터트렸다.

"왜 그러세요?"

"당신의 눈은 일본인 같지 않군요."

무슨 의미지? 내 눈이 외국인 같다고? 그렇게 크고 예쁜가? 내심 기분이 좋았다. 하지만 눈의 크기나 눈동자 색을 말하는 게 아니라 눈빛이 강렬하다는 의미였다. 실은 그날 힝기스 선수와 인터뷰하기 위해 약속 장소인 호텔에 들어서는 순간 그녀의 수행원으로 보이는 나이 많은 남성이 내게 물었었다.

"인터뷰가 얼마나 걸립니까?"

"2시간요."

"2시간? 정말요? 2시간이요?"

그가 너무 길다는 투로 되물었다. 하지만 인터뷰 시간은 사전에 관계자에게 전달되었을 터였다. 이제 와서 길다고 억지를 써봐야 줄여줄 수 없는 노릇이었다.

"네. 두 시간요."

나는 다시 한번 태연하게 잘라 말했다. 그러고는 얼른 뒤돌아서 힝기스 선수의 대각선 방향으로 앉았다. 바로 인터뷰를 시작하는데 등 뒤로 수행원의 기척이 계속 느껴졌다. 만약 그와 시선이 마주치면 "이제 슬슬 마치죠?"라고 할 것 같아 되도록 그의 존재를 잊고 힝기스 선수에게만 집중했다.

외국인과 인터뷰할 때는 통역사가 내 질문을 영어(또는 게스트의 모국어)로 통역하고 게스트가 영어(또는 게스트의 모국어)로 대답하면 그 대답을 다시 일본어로 통역해 듣는다. 즉 내국인 게스트의 인터뷰에 비해 두 배의 시간이 걸린다. 2시간을 약속받았지만 사실상 인터뷰가 이루어지는 시간은 1시간이라는 의미다. 그래서 2시간 이하로 줄일 수는 없었다.

등 뒤로 따가운 시선을 느끼면서 나는 필사적으로 인터뷰에만 집중했다. 이런 절실함이 눈빛으로 나타난 모양이었다. 어찌 됐건 그녀가 내 눈을 보고 웃어줬으니 전화위복이 아닐까. 덕분에 수행원은 시종일관 언짢아 보였지만 그녀는 마지막까지 지루하거나 길다는 내색 없이 유쾌하게 대답해줬다.

할리우드 배우 모건 프리먼을 인터뷰했을 때도 시선에 대한 추억이 있다. 그때는 내 눈이 아니라 모건 프리먼의 눈이었다.

힝기스 선수 때와 마찬가지로 통역사가 동석해서 내가 일본어로 질문하면 영어로 통역하고 그가 영어로 대답하면 내게 일본어로 통역해줬다. 이렇게 한참 이야기를 나누고 있는데 모건 프리먼 씨의 태도가 다소 의아했다.

소파에 등을 기댄 채 다리를 꼬고 편안하게 앉아 이야기하다가 내가 질문하면 다리를 풀고 앞으로 당겨 앉았다. 말하는 내 눈을 가만히 바라보며 내 말에 열심히 귀를 기울이는 게 아닌가.

"일본어를 모르실 텐데 왜 이렇게 진지한 얼굴로 들으시나요?"

조금은 당황스러워 이렇게 물을 수밖에 없었다.

"물론 나는 일본어를 몰라요. 하지만 당신이 진지하게 질문하는데 나도 진지한 태도를 하지 않으면 실례라고 생각합니다."

'어머나.'

나는 이날 이후 모건 프리먼의 열렬한 팬이 되었다. 물론 이전부터 멋진 배우라고 생각했지만 이 말을 들은 뒤로 열 배는 더 좋아졌다.

멋진 사람이다. 당시 나를 바라보던 그의 눈빛은 전혀 날카롭지 않았다. 진지하고 겸허하며 사람에게 정성을 다하는 따뜻함이 넘쳤다.

눈을 보지 않는 것이 경의 표시?

'시선'에 대한 일본인과 서양인의 생각은 다소 다르다. 어릴 때부터 상대의 눈을 보며 이야기해야 한다고 교육받은 나도 이런 예의가 몸에 배어있다. 그래서 말할 때 내 시선을 피하는 사람이 있으면 불쾌했다.

"저 사람은 왜 눈을 마주치지 않을까? 무례한 거 아냐?"

동생이나 후배를 혼냈던 기억도 있다.

"눈을 보고 이야기해. 눈을 보라고!"

그러던 어느 날, 시선을 맞추지 않아도 실례가 아닌 문화가 존재한다는 사실을 알았다. 한때 나는 미국 워싱턴 D.C.에서 살았다. 그곳에서 알게 된 에티오피아인과 이야기를 나눌 기회가 있었다.

"넌 일본인이니? 일본인과 에티오피아인은 서로 비슷한 점이 많다던데 알고 있니?"

"어머, 어떤 점이?"

"가령, 다른 사람과 눈을 마주치지 않잖아. 에티오피아에서 그건 상대에게 경의를 표한다는 의미야. 특히 존경하는 사람을 힐끔힐끔 보는 일은 절대로 없어. 미국인처럼 빤히 쳐다보는 것은 우리나라에서는 부끄러움을 모르는 짓이지. 일본인도 우리와 같은 문화라고 들었어."

갑작스러운 동지 취급에 당황했다. 나는 미국에 와서 눈을 보고 이야기하는 것이 예의라고 믿고 밤낮으로 자신을 단련해왔기 때문이다.

그리고 비슷한 무렵, 현지의 미국인도 자신보다 나이가 많은 사람과 이야기할 때는 고개를 숙여 결코 상대와 눈을 마주치지 않는다는 관례가 있음을 알았다. 그렇다면 일본인이 눈을 마주치지 않는 이유도 상대에 대한 경의의 표시였을까? 그러고 보니 옛날 신하는 영주 앞에서 머리를 숙인 자세를 유지했다. 또 공주는 늘 가렴 너머에 있으면서 얼굴을 직접 드러내지 않았다. 뿐만 아니라 무례한 사람을 꾸짖을 때 "어디서 고개를 뻣뻣이 세우고 대드는 거야!"라는 표현을 썼다. 생각해 보면 눈을 마주치는 행동이 무례하다고 생각하는 문화가 옛날 일본에도 존재했던 모양이다.

이러한 사실을 알게 된 후, 나와 눈을 맞추지 않는 사람을 만나도 '나에게 예의를 차리고 있구나.'라는 생각으로 조금은 관대해질 수 있었다.

시선을 피하는 이유가 반드시 경의를 나타내고자 함이 아닐 때도 있다. 엘리베이터나 지하철에서 괜히 눈을 마주쳤다가 시비라도 붙을까 무서워 시선을 피하는 사람도 많다.

인터뷰할 때도 좀처럼 시선을 잘 마주치지 못하는 게스트가 있다. 나를 전혀 보지 않는 것은 아니지만 주로 엉뚱한 곳을 바라보며 이야기하다가 힐끔힐끔 쳐다보는 식이다.

보통은 부끄럼이 많은 사람이다. 대부분 못 본 척 그냥 넘기지만 지나치게 다른 쪽을 보는 시간이 길어지면 왠지 불쾌하다. 시선을 이리저리 두리번거리는 사람과 이야기할 때도 마찬가지다.

'내 이야기가 지겹구나. 아니면 다른 걱정거리라도 있나? 이제 그만 하고 싶은 건가?'

상대의 시선에 따라 내 기분이 출렁거린다. 내가 이런 경험이 있어서 그런지 남의 이야기를 들을 때 되도록 시선을 떼지 않으려고 주의한다. 물론 상대의 눈을 너무 오래 지그시 바라보다가 묘한 감정이 생기면 곤란하니 가끔 시선을 떨군다. 일부러 눈을 깜빡이거나 잠깐 시선을 돌려 눈의 피로를 풀기도 한다. 하지만 결코 불안한 눈빛이 되지 않도록 각별히 신경을 쓴다.

눈높이를 맞추면 대화가 부드러워진다

키가 150센티미터 밖에 안 되는 나는 별로 겪을 일이 없지만 간혹 이야기 상대의 눈높이가 나보다 낮을 때가 있다. 그럴 때는 상대의 눈높이에 시선을 맞추어야 한다. 나는 인터뷰 일을 시작하기 전 사립초등학교 도서실에서 아르바이트를 했었다.

"이 책은 어떤 이야기예요?"

2학년 초등학생이 나를 올려보며 주뼛주뼛 물었다. 나는 곧바로 쪼그려 앉아 아이와 눈높이를 맞췄다. 왜 그랬는지 잘 모르겠지만 그렇게 해야 그 아이의 몸과 목소리 그리고 마음에 다가설 수 있다고 생각했다. 실제로 고개만 숙여 말할 때보다 아이들과 훨씬 친해졌다.

도서실 옆 '저학년실'에는 그림책이나 동화책이 구비되어 있었다. 아이들은 자유롭게 바닥에 눕거나 앉아서 책을 볼 수 있도록 신발을 벗고 이용했다.

방과 후 어느 날, 저학년실에 신발을 벗지 않은 채 무릎으로 기어서 들어가는 6학년 남학생이 보였다.

"이봐 학생, 여기는 신발을 벗고 이용하는 곳이야."

내가 지적하자 그 남학생은 내 앞까지 무릎을 꿇은 채 엉금엉금 다가오더니 내 앞에서 벌떡 일어섰다. 무릎을 꿇고 있을 때는 내 키의 절반 정도로 작더니 일어선 키는 나보다 훨씬 컸다. 키가 160센티미터는 됨직했다. 내려다보며 이야기하다가 갑자기 올려다보려니 잠시 당황했다.

"키가 꽤 크구나."

놀란 내가 말하자 그 녀석은 나를 내려다보고 빙그레 웃으며 이렇게 말하는 것이 아닌가.

"작은 사람은 귀여워요."

그 녀석은 이 한마디를 남기고 후다닥 사라졌다. 혼자 남겨진 나는 어안이 벙벙했다. 건방진 놈이라고 생각하며 돌아서려는데 기분은 나쁘지 않았다.

내려다보는 것과 올려다보는 것은 이렇게 다르다. 뭔가를 묻거나 쓴소리를 할 때는 아무래도 상대보다 낮은 위치에 자리 잡는 것이 좋다.

대학 시절 동아리 활동 때, 인간관계 문제로 남자 선배에게 대든 적이 있었다. 그때 선배는 동아리방에서 의자에 앉아 있었고 나는 서 있는 상태였다. 잠시 말을 주고받다가 갑자기 선배가 큰 소리로 호통을 쳤다.

"그 태도는 뭐야! 위에서 내려다보면서 팔짱까지 끼고 말이야!"

순간 울컥했지만 그제야 내 태도가 시건방지게 보인다는 것을 알았다. 아무리 자기 생각이 옳더라도 고압적인 시선으로 팔짱까지 끼고 이야기하는 무례를 그냥 보아 넘겨줄 아량은 누구에게도 없을 것이다.

"어찌 됐든 앞으로 그런 행동은 삼가세요!"

급히 이야기를 정리하고 그 자리를 떴다. 하지만 지금도 그 선배의 지적은 잊을 수 없다.

상대를 내려다보거나 팔짱을 낀 채로 이야기하는 태도는 습관이 되면 좀처럼 고쳐지지 않는다. 그러니 의도적으로 조심해야 할 사항이다. 지금도 나는 인터뷰할 때 상대의 눈높이보다 높은 자리는 피한다. 약간이라도 올려다보며 질문하면 상대는 '이 사람은 겸손하구나. 나에게 해를 끼칠 사람 같지는 않아.' 하고 긴장을 푼다.

아는 것을 감추는 지혜가 필요하다

나는 중고등학교를 모두 미션스쿨에 다녔다. 등교하면 매일 아침 예배드리고 일주일에 한 번은 '성서' 수업을 받았다. 성서 수업을 담당하는 선생님이 이런 말을 했다.

"우리는 흔히 상대에게 '당신이 어떤 심정인지 잘 안다.'라고 말합니다. 그런데 남의 기분을 그리 간단히 알 수 있을까요? 그렇지 않습니다. 우리는 그런 말을 쉽게 해서는 안 됩니다. 만약에 그런 말을 하는 사람이 있다면 함부로 믿어서는 안 됩니다."

평소 "네 이웃을 사랑하라.", "오른쪽 뺨을 맞으면 왼쪽 뺨을 내주어라."라고 가르치시던 독실한 기독교 신자인 선생님이 이런 말씀을 하신다니! 나는 크게 놀랐다. 걱정이 많은 사람에게 "당신이 어떤 심정인지 잘 알아요."라고 건네는 상냥한 말을 의심하라니. 누구에게 사기라도 당하셨나? 아니면 애인에게 차이셨나?

그러나 시간이 지날수록 그 말씀이 진리처럼 마음에 와닿았다. 우리는 분명 타인의 심정을 완전히 이해할 수는 없다. 당사자가 아니기 때문이다. 물론 이해하려는 자세는 필요하다. 그러나 무조건 공감해준다고 상대가 과연 기뻐할까? 어쩌면 '네가 어떻게 알아?', '아는 척하지 마.'라며 반감이 생길지 모른다.

"요즘 허리가 아파요."

"아, 그래요? 나도 좌골신경통을 오래 앓아 봐서 얼마나 아픈지 잘 알아요."

자신의 경험을 바탕으로 알아주는 것은 설득력이 있다.

"근데 나하고 다른 통증일 수 있으니 병원에서 엑스레이를 찍어보는 게 좋겠어요."

이런 조언도 동병상련의 정을 느끼고 고맙게 받아들일 수 있다. 하지만 다음 경우는 어떨까?

"결혼하고 1년도 안 돼 남편이 전쟁터에서 죽었어요. 그 비보를 들은 날의 충격은 이루 말할 수가 없어요. 지금 생각해도 억장이 무너지는 듯해요."

어렵게 말을 꺼낸 전쟁미망인에게 내가 "아이고, 얼마나 힘드셨을까. 저도 그 마음 잘 알아요."라고 말한다면 전쟁미망인은 어떤 심정일까?

'뭘 안다는 거지? 결혼도 안 했고 전쟁도 겪어보지 못했으면서?'라고 생각하지 않을까?

그러므로 상대와 같은 기분이 되고자 하는 마음은 버려야 한다. 차라리 비슷한 자신의 경험을 찾아 그때 기분이 어땠는지 비교하는 작업이 필요하다. 하지만 그 경험이 얼마나 상대와 비슷한지는 아무도 알 수 없다.

상대의 아픔을 혹은 고통을 알아주는 것은 따뜻한 마음에서 우러나온다. 하지만 상황에 맞지 않거나 공감을 난발한다면 그보다 오만한 표현도 없다. 그래서 나는 상대의 이야기를 들으면서 '안다'라고 말하고 싶을 때마다 '정말로 아는 걸까?' 하고 자문한다.

섣불리 아는 척하는 것을 자제하려는 것이다.

일본을 대표하는 희극작가 이노우에 히사시를 인터뷰할 때다. 몇 년 전 그가 이혼한 사실이 알려져 큰 화제가 된 터였다. 하지만 나는 애초에 이 문제를 건드릴 생각은 없었다. 무엇보다 예능 방송이나 예능 잡지의 인터뷰가 아니었을 뿐만 아니라 처음 만나는 사람에게 이혼에 관해 물을 정도로 나는 강단이 세지 못했다(지금도 별로 다르지는 않지만). 더구나 그날 인터뷰의 목적은 신작을 소개하는 자리였기에 담당 편집자와 이혼 문제는 거론하지 않기로 합의했다.

이노우에 작가의 첫인상은 차분하고 온화했다. 나뿐만 아니라 편집자와 카메라맨에게도 먼저 정중히 인사를 건넸다. 이렇게 점잖고 겸손한 분이 어떻게 그토록 익살맞은 글을 쓰는지 궁금해졌다. 그에게 첫 질문으로 유머의 관점을 물었다.

"웃음은 기운을 북돋아 줘요. 가령 극한 상황에서 다들 예민해져 있는데 누군가가 농담을 툭 던지면 팽팽하던 긴장감이 확 풀리죠. 농담은 얼어붙은 분위기를 단번에 녹이는 힘이 있어요."

나는 고개를 끄덕였다.

"집사람과 다투거나 집사람에게 남자가 생긴 것 같아 괴로울 때도 그랬어요. 그럴 때 재미있는 책을 읽으면 문득 '뭐, 어쩔 수 없지.'라는 생각이 들면서 마음이 한결 가벼워지죠."

나는 결코 이혼 이야기를 유도하지 않았다. 그런데 이야기가 묘하게 흘러갔다. 이걸 어쩌나? 어찌 됐건 본인이 직접 거론했으니 무시하기도 애매했다. 어쩌면 물어달라는 신호일지도 몰랐다. 그렇다고 꼬치꼬치 캐물으면 기분이 상할지도 모를 일이었다. 고민에 고민을 거듭한 끝에 최대한 조심스럽게 물었다.

"그때는, 그러니까…. 뭐가 가장 충격이셨어요?"

"내가 살아온 23년의 세월이 순식간에 사라지는 그런 두려움이 들었어요. 결혼 직후부터 혼자가 되기까지 시간이 몽땅 구겨져서 그간의 인생이 없어졌다는 허전함에 두려움이 엄청났죠."

그는 주저하는 기색 없이 속내를 털어놨다.

'어머나, 그랬구나….'

처음에는 '이런 질문까지 해도 괜찮을까?'라고 망설였지만, 이제는 '좀 더 파고들어야 하지 않나?'라는 생각이 들었다. 그의 말을 들으면서도 머릿속은 혼란스러웠다.

내 실연의 경험이 떠올랐다. 남자에게 차였을 때 뭐가 가장 슬펐더라? 사귈 때의 추억이 공허한 물거품이 되어 사라지고 그 시간을 모조리 없었던 일로 묻어둬야 한다고 생각했던가? 그건 아니었다. 물론 헤어진 직후에는 슬퍼서 한동안 그와 자주 갔던 거리나 함께 만났던 사람들을 멀리하기는 했다. 하지만 그와 찍은 사진을 찢어버린 적도 없고 그에게 받은 선물도 잠시 치워두긴 했지만 나중에 다시 꺼내 썼다. 지금까지 애용하는 액세서리나 시계가 있을 정도다.

이는 개인의 성격 차인 걸까? 아니면 남자와 여자가 다른 걸까? 기간의 길고 짧음도 관련이 있을 것이다. 이노우에 씨는 23년을 함께 살았으니 잠시 사귀다 헤어진 정도의 상처와는 하늘과 땅 차이이리라.

'23년의 세월이 순식간에 사라지는 두려움이라니.'

내 경험에 비추어 이해할 수 있는 부분과 공감할 수 없는 부분을 헤아리며 그의 이야기에 귀를 기울였다.

나는 그의 슬픈 독백에 “저도 그 마음 알아요.”라고 하지 않았다. 실제로도 알지 못했으니까. 하지만 “이해하기 힘든 이야기네요.” 하고 부정하지도 않았다

‘세상에는 실연의 고통을 이런 식으로 느끼는 사람도 있구나.’라고 느끼며 그의 마음을 이해해보려고 노력했다. 나의 아픈 추억을 떠올려 일치하는 부분은 없는지도 찾아봤다. 하지만 결국 그의 진짜 마음은 이해할 수 없었다. 다만 그는 이해하려고 필사적으로 노력하는 내게 마음을 열어줬다. 어쩌면 힘들었던 시기의 이야기를 누군가에게 털어놓고 자신의 감정을 정리하고 싶었는지도 모른다.

인터뷰를 마치고 잡지 담당 편집자에게 물었다.

“괜한 걸 물어봤나? 이노우에 작가, 괜찮으실까요?”

"괜찮으실 거예요. 이제 다른 사람에게 얘기할 만큼 상처가 아물었나 봐요."

그 대답에 나는 마음이 놓였다.

모르는 것을 아는 척으로 덮지 마라

유독 나는 스포츠 분야에 약하다. 담당 편집자가 혀를 내두를 정도다.

사실 나는 어릴 때부터 여기저기 돌아다니기를 좋아했다. 집에서 조용히 독서하기보다는 밖으로 나가 해가 질 때까지 뛰어놀아야 직성이 풀렸다. 그래서 중고등학교 때는 탁구부 활동을 했고 쉬는 시간에는 친구들과 농구를 하며 시간을 보냈다. 겨울에는 스키 여행을 다녔다. 대학에 들어가서는 테니스에 푹 빠져 열심히 공을 쫓아다녔다. 당시에는 스포츠가 싫다는 사람의 마음을 도무지 이해하지 못했다. '이렇게 즐거운 걸 왜 안 하지? 스포츠를 싫어하는 사람과는 절대로 결혼하지 않겠어!'라고 단언할 정도였다. 그러나 스포츠 관전에는 이상하게 흥미가 생기지 않았다. '스포츠는 하는 것이지 보는 것이 아니다.'라는 신념이 나를 지배하고 있었다. 그래서 관전 스포츠에 대한 지식은 전혀 없다.

초등학교 1학년 때, TV에서 야구를 중계했다. 그날은 각별한 야구팬이 아닌 아버지도 친척들과 함께 야구 중계를 보셨다. '짝짝 짝짝짝!' 하고 일사불란한 응원 소리와 이따금 터져 나오는 함성을 들으며 경기를 보던 어른들이 갑자기 펄쩍펄쩍 뛰며 소리를 질렀다.

"우와, 넘어갔어! 굉장해!"

응원하는 팀 선수가 홈런을 친 것이다. 나는 홈런 한 방에 야단법석을 떨며 떠드는 어른들이 못마땅했다. 그래서 나도 모르게 투덜댔다.

"아 참, 너무 시끄럽네."

아버지가 곧바로 반응하셨다.

"뭐라고? 시끄럽다고 했니? 그게 부모에게 할 소리야!"

아버지는 큰소리로 나를 혼내셨다. 말 한마디 했다고 혼난 나는 억울해서 대성통곡했다. 당연히 그날 밤 친척 모임은 엉망이 됐다.

그 뒤, 나는 야구 중계 특유의 '짝짝 짝짝짝!' 하는 응원 소리나 야구장의 함성이 들리면 그날 밤의 공포가 떠오른다. 야구뿐 아니라 전반적으로 스포츠 경기 관전에는 재미를 붙이지 못했다. 대학 시절 테니스에 빠져 스스로 놀랄 만큼 공을 치러 다녔지만, 윔블던 대회의 우승자가 누구인지, 테니스 스타 존 맥켄로 선수가 어떤 경기를 펼쳤는지에는 전혀 관심이 없었다. 그런 경기를 볼 바에야 차라리 코트에 나가 연습 한 번 더 하는 게 나았다. 그런데 이런 무관심이 인터뷰 일을 시작하면서 문제로 불거졌다.

〈슈칸분슌〉의 대담 코너를 시작한 해, 노무라 가쓰야 프로야구 감독이 이끄는 야쿠르트 스왈로스가 우승을 차지했다. 우승 직후 당시 편집장이 아침 댓바람부터 전화를 걸어왔다.

"아가와 씨, 오늘 오후에 시간 돼요?"

"네, 비어 있어요."

"갑자기 미안한데 노무라 감독 부부와 약속이 잡혔어요. 인터뷰 가능하죠?"

"뭐라고요?"

야구에 정통한 사람도 그리 급하게 일을 잡으면 당황할 텐데 하물며 나는 야구에 까막눈이다. 노무라 감독의 얼굴만 알뿐 어떤 이력의 인물이고 이번 시즌이 어땠는지 전혀 알지 못했다.

"전, 못 해요. 야구에 대해 아는 게 아무것도 없어서요."

"그건 걱정 마요. 야구를 잘 아는 편집자가 도와줄 테니까 일단 좀 일찍 나와 주세요."

이때 만해도 편집장은 내가 얼마나 야구에 무지한지 상상도 못했으리라.

다음 날, 편집장의 지시대로 편집부에 도착하자마자 야구를 잘 아는 편집자의 단기 집중 강의를 받았다. 편집자는 노무라 감독이 난카이 호크스에서 선수로 뛰던 시절부터 아무리 노력해도 일본 야구계의 영웅인 라이벌 나가시마 시게오 선수를 넘어설 수 없어 늘 2인자로 야구 인생을 보낸 시절을 들려주었다. 그리고 각고의 노력 끝에 야쿠르트 스왈로스를 우승으로 이끌었다는 내용까지. 모두 인터뷰에 도움 되는 정보였다.

"어머, 그렇군요."

한참을 끄덕이며 강의를 듣는데 문득 궁금한 점이 생겼다.

"근데 야쿠르트는 센트럴 리그 소속인가요? 아님 퍼시픽 리그?"

그 순간 편집자의 얼굴에서 핏기가 사라졌다.

"그럼 남은 시간 동안 자습하세요."

이 한마디를 남기고 편집자는 회의실을 나갔다.

이때만 해도 나는 시퍼렇게 질린 편집자의 얼굴을 눈치채지 못했다. 어찌 됐든 야구의 기본 지식을 익히려고 한 질문이 이런 수준이었다.

몇 시간 뒤, 나는 호텔 방에서 노무라 감독과 그의 부인인 사치요 여사를 만났다. 두 사람이 방으로 들어올 때의 좌중을 압도하는 위압감은 이루 말할 수 없었다. 순간 얼어붙었지만 정신을 차려야 했다.

“우승, 축하드립니다.”

이 한마디로 인터뷰를 시작한 뒤 어떤 질문을 했는지 아무것도 떠오르지 않는다. 야구에 대한 내 무지함이 들통날까 봐 필사적으로 애썼다는 기억뿐이다. 그보다 인터뷰 도중 감독과 부인이 주고받는 말에 흥미가 생겼다.

“야구란 말이죠. 원래….”

“또 그러시네. 또 ‘~란 말이죠.’가 시작됐네요. 이 양반은 무슨 이야기든 ‘~란 말이죠.’예요. ‘인생이란 말이죠.’, ‘남자란 말이죠.’, ‘야구란 말이죠.’, ‘포수란 말이죠.’ 등 매번 이런 식이에요.”

노무라 감독은 내 질문에 성실히 답변하려는데 사치요 부인은 뭐가 못마땅한지 핀잔을 주며 계속 훼방을 놓았다. 노무라 감독은 입술에 침만 바를 뿐 응수하지 못하고 묵묵히 듣기만 했다. 그렇다고 아내의 지적을 언짢아하는 모습은 아니었다.

‘이 부부, 왠지 귀엽구나.’

어차피 애초에 나는 야구에 대해 깊은 이야기를 나눌 실력이 없었다. 나의 관심사는 이제 슬금슬금 부부 관계로 옮아갔다.

"두 분은 성격이 많이 다르신 것 같아요."

"글쎄 들어보세요."

감독이 먼저 포문을 열었다.

"이 사람은 밖에서 집으로 돌아오면 현관에서 신발을 한 짝 벗고 또 한걸음 가서 한 짝 벗고 그대로 들어가 버려요. 그럼 그걸 내가 가지런히 놓고 들어간다니까요."

불평을 늘어놓으면서도 털털한 아내에게 의지하는 노무라 감독의 애정을 보여주는 말투였다. 이런 이야기를 2시간 정도 듣고 나니 처음 야구를 몰라 겁에 질렸던 마음이 사라졌다. 대신 두 사람이 사랑스러워졌다.

"고생하셨어요."

"감사합니다."

두 사람과 웃으며 헤어진 뒤, 편집자가 슬쩍 말을 건넸다.

"두 분은 아가와 씨가 야구를 전혀 모른다는 사실은 눈치 못 채고 기분 좋게 돌아갔을 거예요."

편집자의 인사치레였는지 모른다. 그래도 나는 이 말에 '휴우!' 하고 한숨부터 크게 나왔다. 게스트에게 실례를 범하지 않았을 뿐만 아니라 조마조마한 맘으로 인터뷰 현장까지 따라온 편집자를 안심시켰기 때문이다.

만약 내가 스포츠 기자 수준의 전문적인 질문만 했다면 감독은 분명 '벼락치기로 공부해서 왔구나.' 하고 알아챘을 것이다. 그렇다고 야구 이야기를 피하기만 했다면 '프로야구 감독을 불러놓고 무슨 이야기가 듣고 싶은 거지?' 하고 언짢았을 수도 있다. 야구를 모르는 나로서는 그 사이에서 적당한 타협점을 찾기 힘들었다. 감으로 할 수 있는 일도 아니었다. 마침 부부가 재미있는 사이라서 잘 넘어간 것이다. 문외한인 분야의 전문가를 인터뷰할 때 오로지 나의 흥미를 화제로 삼을 수 있었던 보기 드문 사례였다.

마찬가지로 요미우리 자이언츠 구단의 마쓰이 히데키 선수 인터뷰 때도 불안 속에서 이루어졌다. 야구는 잘 몰라도 그렇게 무서운 사람도 아닌 듯하고 나보다 한참 어리니까 어떻게든 될 거라고 믿었다.

세세한 시합 이야기나 기술적인 부분은 적당히 넘기고 마쓰이 선수의 어릴 적 이야기를 위주로 질문했다. 그러다 우연히 여자 친구 이야기가 나왔다.

“어떻게 만나셨나요?”

“그 애 친구가 라이벌 학교의 에이스였는데….”

“타자요?”

순간 주변의 공기가 이상해짐을 느꼈다. 우리 쪽 스태프들은 당황해서 어쩔 줄 몰라 하는 눈치였다. ‘어머나, 내가 이상한 걸 물었나?’ 하고 어리둥절해 주변을 힐끔거리자 마쓰이 선수가 말했다.

“투수요. 에이스는 투수한테 쓰는 말이에요.”

“어머, 호호호. 그렇군요. 에이스는 투수를 말하는 거구나.”

그때까지 나는 ‘에이스’ 호칭은 그 팀의 스타 선수에게 붙이는 말인 줄 알았다.

"그럼, 뛰어난 타자는 에이스라고 하지 않나요?"

이 말을 내뱉는 순간 야구에 대한 지식이 전혀 없이 질문하는 얄팍한 술수가 들통나고 말았다. 하지만 인터뷰 내내 마쓰이 선수는 불쾌한 기색 없이 친절하게 견뎌줬다.

지금도 언론을 통해 마쓰이 선수를 볼 때면 에이스라는 말이 떠올라 식은땀이 난다.

무모한 아는 체가 남긴 교훈

스모 선수 와카노하나와 다카노하나 형제가 전성기를 누릴 때 다카노하나 선수 앞에서도 나는 얼빠진 짓을 하고 말았다. 형제가 소속된 도장의 일가 중에서 가장 처음 만난 사람은 당시 안주인이던 하나다 노리코 여사였다. 봄에 만났는데 다카노하나 선수의 파혼 소식으로 큰 소동이 있은 뒤였다. 하지만 내가 미국에서 1년간 체류하다 귀국한 지 얼마 되지 않았던 시기라 자세한 정보를 알지 못했다.

“큰일이 있었더군요.”

마치 시골에서 도시로 올라온 아줌마가 이웃에게 동정을 살피듯이 물었다.

“맞아요.”

첫 만남임에도 불구하고 하나다 여사는 차근차근 경위를 설명해줬다. 지금 생각하면 내가 그 일에 너무나 무지해서 오히려 안심했던 것 같다.

“한번 놀러 오세요. 선수들 대련 연습하는 것도 보고 식사도 하시죠?”

인터뷰를 마치며 약속을 잡고 스태프들과 함께 스모 도장으로 찾아갔다. 태어나서 처음으로 스모 선수의 연습 현장을 견학한 것이다. 다카노하나 선수, 와카노하나 선수와 함께 식사도 했다.

이 인연으로 와카노하나 선수와 인터뷰가 실현되었다. 동생인 다카노하나 선수에 이어 스모 선수가 되기로 결심한 이유, 아버지의 제자로 들어가면서 부모·자식 관계를 완전히 끊고 연습에만 매진했던 날들의 이야기, 동생을 지킬 사람은 자신밖에 없다며 목숨을 걸고 동생을 지키겠다고 결심한 순간 등 형제의 아름다운 비화를 들었다. 어찌나 내 마음을 울렸는지 나중에는 눈물로 뒤범벅이 됐다. 엉엉 소리 내며 운 기억이 지금도 생생하다.

그리고 얼마 지나지 않아 다카노하나 선수가 인터뷰에 응해줬다. 당시 두 형제의 언론 대응 방식은 비교적 붙임성이 좋은 와카노하나 선수가 동태를 살펴보고 '이 사람은 해가 없는 것 같다.'라고 판단하면 신중파인 다카노하나 선수가 나서는 식이었다. 즉, 형이 나를 무해한 사람이라고 보장해준 덕분에 성사된 인터뷰였다.

그런데도 다카노하나 선수는 마음을 쉽게 열지 않았다. 질문에는 진지하게 답변했지만, 더듬더듬 말하는 모양새가 어지간해서는 먼저 적극적으로 이야기해 줄 것 같지 않았다. 인터뷰가 끝나갈 무렵 질문 하나를 더 건넸다.

"그럼 이번 시즌에 대한 포부를 들어볼까요?"

그런데 줄곧 진지하던 다카노하나 선수가 갑자기 '풉!' 하고 웃음을 터트렸다.

"왜 웃으시죠?"

내가 영문을 몰라 되묻자 다카노하나 선수가 말했다.

"그게 아니라, 아가와 씨가 스모 관련 질문을 하시니까…."

"무슨 소리세요? 2시간 동안 줄곧 스모에 대해 질문했잖아요."

따져 물었지만 생각해 보니 아차 싶었다.

다카노하나 선수는 이미 내가 스모를 거의 모른다는 사실을 간파하고 있었다. 그리고 이런 무지한 인터뷰어를 배려해 싫은 내색 없이 오히려 쉽게 풀어서 답변해 준 것이었다.

아무리 교묘하게 위장해도 진실은 탄로 나는 법. 미리 공부했다고 아는 체하지 말자. 벼락치기 공부였음을 솔직하게 고백하고 무례를 범하지 않는 범위 내에서 할 수 있는 질문을 하자.

다카노하나 선수에게 비웃음을 산 이후 나는 무모하게 아는 체하지 않는다.

사소한 말을 들추면 보물을 찾을 수 있다

나는 인물을 인터뷰할 때 그 사람이 지나온 삶을 묻는다.

전반적으로 대화를 나눈 뒤 "이 일을 하시게 된 계기는 뭔가요?", "초등학생 때는 어떤 아이였나요?", "중학생 때는 어땠나요?", "고등학생 때는 어떤 동아리에서 활동했나요?"와 같이 과거로 거슬러 올라가 시간 순서대로 인생을 되짚으며 인터뷰를 풀어낸다. 이른바 정통적인 인터뷰 방식이다. 하지만 이 방식이 몸에 배면 순서대로 잘 묻고 들으면 된다고 생각해 자칫 방심하기 쉽다. 그래서 정작 중요한 말을 놓칠 위험에 빠지기도 한다.

'어린 시절의 에피소드는 이미 두 개 정도 들었고 중고생 시절의 에피소드도 방금 두 개 들었으니 충분해. 이제 남은 시간은 30

분. 서두르지 않으면 밑바닥 생활 시절, 가난했던 시절, 그리고 인기를 끌고 지금에 이르기까지 다 못 들을 수도 있겠어.'

이런 생각이 들면 답변보다 질문에 집중하느라 상대의 말을 끊는다.

"네네, 아… 그렇군요. 그래서 그다음 해 데뷔하신 거군요."

재미있는 이야기를 끌어내지 못하고 그저 인생의 연대기만 파악하면 족하다는 마음이 앞서는 것이다. 이렇게 끝낸 인터뷰는 나중에 돌이켜보면 알맹이가 빠진 빈 껍질인 경우가 많다. 그야말로 이야기 순서에만 정신이 팔려 핵심을 놓친 질 낮은 인터뷰의 전형이다.

가끔 나도 질문을 하면서 '이런! 순서만 생각하고 있잖아.'라고 생각할 때가 있다. 이럴 때는 정신을 바짝 차리고 질문은 시간 순으로 하더라도 답변에서 재미있는 내용을 찾으려고 집중한다.

영화감독 고레에다 히로카즈를 인터뷰할 때의 일이다. 그는 원래 소설가를 꿈꾸며 와세다 대학 문학부에 입학했다.

"영화에 빠져 살았어요. 한 주에 외국어 수업을 6시간이나 들어야 하는 것이 끔찍해 학교에 거의 안 갔죠. 그러다가 각본 공부를 해야겠다고 마음먹고 'YMCA 시나리오 강좌'를 들었어요. 그런데 그것도 1년 정도 다니다가 적응이 안 돼서 그만뒀지요."

그 뒤로 방송제작사에 취직해 TV 방송 일을 배우기 시작했다.

"디렉터의 지시로 스태프가 들고 있는 쟁반 위에 인형을 늘어세우는 일을 했는데 너무 힘들어서 때려치웠어요."

이런 이야기를 차례대로 듣다 보니 그의 성격이 보였다.

"혹시, 조직 생활이 맞지 않았던 것 아닐까요?"

"맞아요. 요즘에야 알게 되었지만요."

고레에다 감독의 이야기는 그때부터 흥미진진해졌다. 마치 실패를 반복하는 남자가 등장하는 동화를 듣는 듯해 대화에 속도감이 붙었다. 그리고 그가 만들어낸 걸작들은 고집스러웠던 자기 인생의 집대성이었다. 그로 인해 영화 속 세계관을 더 깊이 이해하게 됐다. 이처럼 상대의 삶의 성향을 발견하는 일은 그 사람을 이해하는 데 중요한 단서가 된다.

하지만 때로는 중요한 말을 놓치기도 한다. 해머던지기 선수 무로후시 고지와 만났을 때의 일이다. 세계선수권에서 당당히 금메달을 목에 걸고 귀국한 무로후시 선수와 재회하기 전에 내가 10년 전에 인터뷰했던 기사를 살펴보았다.

무로후시 선수는 시드니 올림픽에 출전하여 1차 시기에서 파울을 범하고 컨디션 난조 끝에 9위로 경기를 마감했다.

아가와 : 낙담하셨겠어요?

무로후시 : 지금까지 오직 승리만을 위해 노력했어요. 모든 걸 걸었는데 원하는 결과를 내지 못해 실망했습니다. 그렇다고 해머던지기를 관둘 수는 없죠. 앞으로 계속 선수 생활을 할 거라면 승리만 생각하지 말고 순수하게 해머를 '추구'하자고 목표를 수정했어요.

아가와 : 해머를 추구한다고요?

이 질문은 내가 생각해도 나쁘지 않았다. 왜냐하면 '해머를 추구한다'라는 표현은 일반적으로 사용하는 말은 아니므로 한번 짚고 넘어가는 것이 좋다.

가령 내가 글쓰기를 추구한다고 하면 추구하는 대상이 뭘까? 또 요리사가 요리를 추구한다면 그것은 기술일까? 맛일까? 요리 도구나 음식에 대한 철학일 수도 있다. 그렇다면 해머는 무엇을 추구할까? 소박한 의문이지만 충분히 물어볼 가치가 있다.

무로후시 : 물론 스포츠니까 이겨야 하는 건 맞아요. 하지만 그게 전부가 아니죠.

아가와 : 네에, 그렇군요(이 시점에서 다소 이해됐다).

무로후시 : 해머를 추구하다 보면 여러 가지를 발견할 수 있어요. 혼자서 묵묵히 던지다 보면 제대로 던지는 법도 알게 되고, 자신의 내면이 보이기도 하죠. 자신을 발전시키는 계기를 찾기도 해요. 말로 설명하긴 어렵지만 기록 말고도 성장하는 부분이 생겨요.

아가와 : 어머나, 멋지군요. 그럼 올림픽 후 얼마 만에 재기하셨나요?

여기가 잘못됐다. 물론 시간 제약도 있었을 테고 어쩌면 당시에는 무로후시 선수의 설명에 충분히 납득됐을지 모른다. 하지만 다시 꼼꼼히 읽어보니 뭔가를 빠트렸다는 생각이 들었다. 지금의 나라면 이렇게 물었으리라.

아가와 : 기록 이외에 구체적으로 어떤 성장이 있을까요?

무로후시 선수는 묵묵히 무거운 구체를 수없이 던지면서 무엇을 느끼고 무엇을 깨달았을까? 그리고 그것으로 자신을 어떻게 성장시켰을까? 어쩌면 그 답변에 세계 정상급 선수가 될 수밖에 없는 이유가 감춰져 있었을지도 모른다. 하지만 나는 질문하지 않았다. 왜냐하면 '어떻게 9위라는 충격적인 성적을 이겨내고 세계선수권에서 은메달을 목에 걸 수 있었을까.'라는 다음 질문에 정신이 팔렸기 때문이다.

어떻게 이토록 중요한 것을 놓칠 수 있었을까! 그걸 지금에야 깨닫다니.

이런 일은 종종 벌어진다. 인터뷰 중에는 모르다가 나중에 실수를 발견하면 아차 싶다. 상대의 이야기를 귀담아듣지 않아서 생기는 일이다.

물론 듣다 보면 단어 하나, 어구 하나 놓치지 않고 꼼꼼히 듣기란 불가능하다. 귀와 뇌가 상대의 말을 취사선택하는데 똑같은 말이라도 상황이나 감정에 따라 꽂히는 말이 달라진다. 또한 듣는 사람마다 취사선택하는 말이 달라서 대화의 구성원이 누구냐에 따라 이야기의 내용이 달라진다.

하지만 흘려들어서는 안 되는 중요한 '포인트'는 반드시 있다. 보통 이런 보물은 아주 사소한 말속에 숨어있다. 그래서 아무렇지 않게 덧붙인 형용사나 말끝에 끼워 넣는 보통명사를 귀담아들어야 한다. 잠시 한눈팔다가 놓친 보물을 생각하면 잘 듣는 일이 얼마나 어려운지 새삼 실감한다.

상대의 이야기 속도에 맞춰라

올해로 103세가 되는 내 큰어머니는 현재 양로원에 계신다. 97세까지 히로시마 시내의 자택에서 혼자 생활하셨다. 남편을 여읜 지 30여 년이 지났다. 수십 년을 하나도 외롭지 않다며 정정하셨는데 90대 중반을 넘기니 다치는 일이 잦아져 주위의 걱정을 샀다.

큰어머니에게는 자식이 없다. 그래서 조카인 나와 남동생을 어릴 때부터 많이 챙겨주고 자식처럼 귀여워해 주셨다. 그런 큰어머니가 넘어져 구급차에 실려 병원으로 갔다는 소식을 듣고 나는 곧장 히로시마로 날아갔다. 다행히 크게 다치시지는 않았고 의식도 또렷했다. 하지만 의사와 친척들은 이제 혼자 지내시는 건 무리라며 집으로는 돌려보낼 수 없다고 판단했다. 그렇다고 멀쩡한 분을 계속 입원시켜 둘 수도 없었다. 누구보다 큰어머니의 사랑을 많이 받았지만 내가 히로시마에서 모시고 살 여건은 안 됐다. 도쿄로 모시자는 의견도 있었지만, 이 또한 쉽게 정할 문제가 아니었다. 태어나서 자란 고향과 친구를 등지고 떠나면 쓸쓸하실 게 분명했다. 그래서 급히 양로원을 알아보았다. 여기저기 수소문한 결과 아름다운 바다가 보이는 양로원을 찾았다.

"이제 아프지 않아. 퇴원하련다."

이렇게 말씀하시는 큰어머니 침대를 둘러싸고 나와 친척, 의사가 모여 회의를 시작했다.

"장 기능도 문제없으시고 상처도 다 아물었습니다. 더 병원에 계실 필요는 없어요."

"하지만 선생님, 집에 혼자 계시게 할 수도 없어서…."

"네, 그건 좀 위험할 수도 있네요."

"아무래도 양로원이 좋을 것 같은데 어떨까요?"

"실은 경치 좋은 곳이 있긴 한데…."

"그거 잘됐네. 아가와, 큰어머니 모시고 한번 같이 다녀와. 큰어머니도 그게 좋으시죠?"

"난…."

"체험 코스가 있대요. 큰어머니랑 가서 하룻밤 자고 올까 해요."

"그거 좋네. 이런 건 빠를수록 좋지. 의사 선생님, 병원에는 언제까지 있을 수 있을까요?"

"당분간은 괜찮습니다."

"난 집에 가고 싶구나. 청소도 못 해서 집이 엉망일 텐데."

"선생님, 그럼 다음 주까지만 입원하는 걸로 하고 하루만 외박해서 양로원을 좀 알아봐도 될까요?"

"네, 수속 밟으시면 문제없습니다."

"나는 집에 가고 싶다니까."

"큰어머니, 그건 안 돼요. 혼자 계시는 건 위험하다잖아요. 선생님, 그럼 양로원에 연락해보고 다시 말씀드릴게요."

큰어머니를 제외하고 우리 세 사람은 서둘러야 한다는 생각에 마음이 급했다. 그래서 대화 속도도 빠르고 말투도 짧았다. 이런 저런 사무적인 대화를 정신없이 주고받고 있는데 갑자기 큰어머니가 버럭 소리를 지르셨다.

"내 말 좀 들어! 내 이야기도 좀 들어달라고!"

대화의 속도를 염두에 두자

큰어머니의 불평은 일리가 있었다. 아무리 고령자지만 기력도 체력도 멀쩡하시다. 옛날에 비하면 말하는 속도는 다소 느려졌지만, 대화가 힘들 정도는 아니었다.

"아, 죄송해요."

그때 나는 처음으로 노인의 대화 속도를 생각해 봤다. 그동안 나는 말하는 속도가 늦고 질문에 답변이 한참 걸리면 '이제 나이가 들어서 그렇구나.' 하고 답변이 나올 때까지 기다리지 못하고 자꾸 재촉하거나 대신 대답해버렸다.

"뭐가 필요해요?"

"음…."

"간장? 간장은 너무 많이 넣지 마세요. 의사 선생님이 말씀하셨잖아요. 짠 건 안 좋아요."

"그래도 내일은…."

"내일? 내일 일을 왜 지금 걱정하세요. 걱정 마요."

이처럼 노인들의 느릿한 말투를 끝까지 기다리지 못하고 잘라 가로채 버린다. 하지만 기다리지 못하는 것은 이쪽 사정이다. 노인들은 자신의 말이 무시당했다는 생각에 크게 상처받는다.

여기서 이해해야 할 것은 고령자뿐만 아니라 사람은 저마다 말하는 속도가 다르다는 사실이다. 인터뷰를 할 때 상대가 아직 답변도 안 했는데 내가 미리 답변을 예측해 진행하는 경우가 있다. 성급한 편이라 가끔 이런 실수를 범한다.

게스트가 머뭇거리며 침묵이 이어지면 조급증이 생긴다.

'어떡하지. 이 답변은 그냥 넘기고 다음 질문을 할까? 아니면 좀 더 기다려볼까?'

망설인 끝에 같은 질문을 다른 말로 바꿔보기도 한다. 이 방법이 통할 때도 있지만 자주 사용하지 않으려 노력한다. 말을 바꿔서 답변을 유도하면 얼핏 친절한 듯 보일지 몰라도 결과적으로는 상대를 다그치는 꼴이기 때문이다.

침묵이 길어지면 나는 항상 '나는 지금 인내심 대회에 출전했어.'라고 생각한다. TV나 라디오라면 침묵은 곧 방송 사고이기에 마냥 기다릴 수는 없다. 하지만 그 밖의 인터뷰는 될 수 있으면 기다린다.

아주 간단한 것 같지만 인터뷰 일을 처음 시작한 초창기에는 쉽지 않았다. 준비한 질문의 답변을 시간 안에 받아내지 못하면 어쩌나 하는 생각에 두려웠다. 상대가 시원하게 대답하지 않으면 곧바로 다음 질문으로 넘어가는 것이 유능하다고 믿었다. 하지만 요즘은 느긋하게 기다린다. 상대가 일부러 입을 다물고 있는 것이 아님을 안다. 단지 그 사람의 마음과 머릿속이 나름의 속도로 느리게 움직이는 것뿐이다.

'지금 이 사람은 천천히 생각하고 있는 거야. 그 속도를 흩트리

기보다는 진득하게 말을 할 때까지 기다리자.'

그 결과 생각지도 못한 뜻밖의 귀중한 이야기를 듣기도 한다. 지금까지 한두 번이 아니었다.

수다도
적절한 완급 조절이 필요하다

인터뷰어가 지나치게 말이 많으면 곤란하다. 게스트는 '내가 왜 이 사람의 이야기를 듣고 있어야 하지?'라고 불쾌해하며 마음이 상할 수 있다. 그러면 인터뷰어에 대한 신뢰가 무너져 이후 어떤 질문을 받아도 성실히 답변할 기분이 나지 않는다.

그렇다고 맞장구만 치는 기계가 되라는 말이 아니다. 때로는 자신의 이야기가 상대의 이야기를 끌어내는 최적의 병기가 될 수 있다.

"나이 들었다 싶을 때가 있으신가요?"

"나이 들었다고요? 제가요?"

아무래도 인터뷰어의 질문을 잘못 이해한 듯하다.

"저는 인중에 생긴 세로 주름을 발견하고는 충격을 받기도 했거든요."

인터뷰어가 자기의 이야기를 하면 상대가 질문의 의도를 정확히 파악한다.

게스트인 소설가가 이런 말을 했다고 하자.

"저는 어렸을 때부터 책 읽는 게 그렇게 싫었어요. 그래서 글쓰기도 서툴렀죠."

이 이야기를 들은 나는 뜻밖의 공통점을 발견하고 기뻐서 한참을 떠들어댄다.

"어머! 그래요? 저도 그랬어요. 초등학생 때 쓴 글을 보면 가관이에요. 초등학교 2학년 때 일인데 지금도 잊히지 않아요. 소풍을 주제로 글짓기를 했는데 가기 전날의 들뜬 기억부터 써 내려가기 시작했죠.

'간식을 사러 갔다. 정해진 용돈으로 캐러멜 하나랑 초콜릿 하나, 그리고 뭘 살지 고민하다가 집으로 돌아왔다. 배낭을 싸고 머리맡에 두고 자려는데 설레서 그런지 잠이 오지 않았다. 뒤척이다 보니 벌써 아침이었다. 부엌에서 엄마가 도시락을 싸는 소리가 들려서 옷을 갈아입고 나왔다. 엄마를 잠시 돕다가 이웃에 사는 친구가 데리러 와서 도시락을 배낭에 넣고 함께 학교로 갔다. 도착해 보니 다른 친구들은 운동장에 벌써 모여 줄을 서 있었다. 무슨 과자를 샀는지 서로 이야기하다가 출발했다.'

여기까지 쓰고 보니 원고지가 다 차서 그냥 제출했지 뭐예요. 나중에 선생님이 '소풍 간 후의 이야기를 좀 더 썼으면 좋았을 텐데.'라고 빨간 펜으로 적어주신 걸 보고 내 글쓰기가 형편없구나 싶었죠."

"아, 맞아요. 저도 생각났어요. 작문이 얼마나 꽝이었냐면…."

이런 나의 이야기가 마중물이 되어 게스트가 새로운 에피소드를 떠올린다면 폭풍 수다도 도움이 된다.

물론 반대의 경우도 있다. 떠들어도 너무 떠들어 뒷맛이 몹시 씁쓸했던 인터뷰도 있다.

수다스러웠다기보다는 노래가 문제였다. 인터뷰 상대는 어릴 때부터 나의 우상이던 배우 줄리 앤드루스였다.

내가 철들고 처음 들었던 레코드 중 하나가 브로드웨이 오리지널 판 〈마이 페어 레이디〉였다. 뮤지컬 애호가인 아버지가 사 오신 그 레코드는 거실의 전축에서 매일같이 흘러나왔다.

영어 가사는 이해할 수 없었지만 어린 마음에도 곡의 분위기상 어떤 이야기가 담겨 있을 것 같았다. 남녀가 천천히 부르는 곡을 들으며 연인 사이라고 상상했고, 합창이 들리면 행복한 결말로 이야기가 끝나는가 싶었다. 여주인공의 목소리가 줄리 앤드루스였다는 사실은 훨씬 나중에 알았다. 중학생이 된 뒤 영화 〈사운드 오브 뮤직〉을 보고 그녀의 얼굴과 음색, 연기를 좋아하게 됐다.

아름다운 음색과 우아한 영어 발음, 코믹하면서도 절제미가 넘치는 모습에 매료되었다. 뛰어난 미녀는 아니지만 정말 매력적인 사람이다. 이때부터 남몰래 뮤지컬 가수의 꿈을 키웠다. 레코드를 사 와서 몇 번이고 들으며 가사를 외우고 큰소리로 노래하고 발음 공부를 했다. 덕분에 영어 공부에도 도움이 됐다.

어쨌든 그토록 동경하던 줄리 앤드루스를 그녀가 영화 〈프린

세스 다이어리〉의 홍보를 위해 일본을 방문했을 때 만났다. 몇 해 전 성대를 다쳐 뮤지컬 출연은 할 수 없었지만 배우 활동은 계속 이어가고 있었다. 당시 나는 인터뷰에 서툴지만, 이 일을 계속하길 잘했다고 생각했다. 드디어 인터뷰 당일이 밝았다.

"하우 두 유 두?"

나는 뮤지컬 〈마이 페어 레이디〉의 일라이저가 사교계에 데뷔할 때처럼 가능한 한 고상한 영어 발음으로 나의 우상에게 인사를 건넸다. 그리고 마주 앉아 내가 얼마나 그녀의 오랜 팬인지 밝히고 싶었다. 물론 옆에는 통역사가 있었다. 그래서 서툰 영어로 말하기보다는 일본어로 이야기했다. 무엇보다 노래를 불러주는 것이 지금의 내 심경을 가장 잘 전달할 수 있다는 생각이 들었다.

"만나게 돼서 영광입니다. 나는 당신이 부른 이 노래를 알고 있습니다.

♪침 치미니 침 치미니 침 침 체리~"

노래를 부르자 그녀는 '오우!' 하고 놀라며 빙그레 웃었다. 그래서 나는 계속했다.

"이 노래도 부를 수 있어요.

♪슈퍼칼리프라질리스틱익스피알리도셔스!"

"멋지군요."

그녀의 눈이 커졌다. 나는 너무 기뻤다. 그렇다면 〈사운드 오브 뮤직〉에서도 한 곡 골라 부르지 않을 수 없다고 생각했다.

"♪더 힐즈 아 얼라이브~ ♪에델바이스~ 에델바이스~"

"원더풀!"

그녀가 다시 칭찬해줬다. 그런데 아까보다는 다소 목소리가 작아졌다. 영화에서는 오드리 헵번이 주인공이었지만 원래 〈마이 페어 레이디〉는 줄리 앤드루스의 작품이었다. 미국 브로드웨이의 역사에 남을 히트작 아닌가! 이 노래도 알고 있다고 알려줘야지!

"♪아이 쿠드 헤브 댄스드 올 나이트~ 아이 쿠드 헤브 댄스드 올 나이트~"

그녀는 얼굴에 미소를 잃지 않았지만, 왠지 분위기가 이상했다. 문득 주위를 둘러보니 그녀 뒤에 대기 중인 스태프들도 모두가 냉랭한 표정이었다.

"아. 그럼, 인터뷰를 시작할게요."

정신을 차리고 인터뷰를 시작했다. 줄리 앤드루스 씨는 내 질문에 정성스럽게 답변해줬고 인터뷰는 성공적이었다. 하지만 이 일이 오랫동안 사람들 입에 오르내릴 거라곤 당시에는 상상도 하지 못했다.

옷차림도 대화의 일부분이다

인터뷰의 주인공은 당연히 게스트이다. 그래서 인터뷰어의 옷차림은 되도록 수수한 편이 좋다. 대담 코너를 시작했을 무렵에 나는 그렇게 단단히 믿었다. 화려한 옷차림을 피해 검은색이나 흰색, 감색, 회색 등 모노톤으로 골라 입고 디자인도 무난한 정장이나 재킷을 애용했다.

하지만 주간지다 보니 일주일에 한 번은 인터뷰가 게재된다. 인터뷰는 게스트의 상황이나 여러 사정에 따라 규칙적으로 일주일에 두 번, 심할 때는 하루에 두 명을 만날 때도 있다. 천성이 게으른 탓인지 패션 감각이 부족한 건지 모르겠지만 인터뷰를 할 때마다 의상에 신경 쓰는 일이 귀찮았다. 그래서 옷장을 열어보면 대부분 모노톤의 옷만 있다. 그마저도 많지 않다.

'지난번에도 이 재킷을 입었었는데. 어쩌지? 뭐 어때! 어차피 시커먼데. 누구도 신경 안 쓸 거야.' 누구를 만나든, 내 옷차림이 수수하면 그 자리에 안성맞춤이라고 생각했다.

싱어송라이터 겸 배우 미와 아키히로의 자택을 방문한 적이 있었다. 현관에서 한 발짝 집 안으로 발을 들여놓자 마치 프랑스 귀족의 저택으로 착각할 만큼 고급스럽고 휘황찬란했다. 대리석 마루에 유럽풍의 소파, 반짝거리는 샹들리에 조명에 매료됐다.

물론 미와 씨 본인의 차림새도 이 공간에 맞게 화려했다. 산뜻한 색의 롱드레스를 입고 어깨에 숄을 두른 그는 우아한 손짓을 섞어가며 여성의 몸가짐, 가식 없는 사회 비판, 옛 연인의 추억담을 재치 넘치는 입담으로 들려줬다. 특유의 흔들림 없는 단호한 언변에 가슴이 다 후련했다.

인터뷰가 끝나갈 무렵, 그녀의 저서에 실린 '섹시한 여성이 되고 싶다면 자신을 아름답게 보이려는 의식, 사소한 행동 하나까지 철저하게 주의하는 생활 습관을 길러야 한다.'라는 문장을 언급하며 구체적으로 어떻게 하면 섹시한 여자가 될 수 있는지 물었다.

그러자 그가 나를 머리끝에서 발끝까지 찬찬히 나를 관찰하더니 머뭇거렸다.

"괜찮아요. 서슴없이 전부 말씀해주세요!"

"음, 지금 입고 있는 패션은 뭐랄까, 마치 모든 걸 '포기한' 체육 선생님 같아요. 좀 가꿔 봐요."

그날 나는 검은색 바지에 흰색 티셔츠를 입고 그 위에 회색인가 검은색 재킷을 걸친 상태였다. 게다가 인터뷰하는 도중에 더워서 재킷마저 벗어버렸다. 정말로 멋대가리라고는 하나도 없다고 들을 만했다.

튀지 않는 차림이 최고라는 의지로 10여 년을 살았는데 그날 이후 나는 달라졌다. 무난하기만 하면 어떤 차림이든 상관없다는 생각이 어쩌면 게스트에게 실례일지도 모른다고 깨달은 것이다. 물론 깨달음만으로 곧바로 세련됨을 표현할 수는 없다. 한동안

모노톤을 유지했지만 언젠가부터 흰색 티셔츠에 검은색 또는 회색 재킷이 아니라 다른 색이 조금씩 들어간 옷을 입게 됐다.

최근에는 인터뷰 의상을 고를 때는 그날 만날 게스트를 떠올린다. 그리고 그 게스트의 분위기와 어울릴만한 옷을 고른다. 가령 기업가나 정치가를 만날 때는 다소 격식을 차린 정장이나 재킷을 입는다. 뮤지션이나 디자인 관련 종사자를 만날 때는 화려한 옷도 입어본다. 젊은 여배우나 스타일이 좋은 탤런트를 만날 때는 괜히 경쟁해봐야 나만 안쓰러우니 오히려 어른스러운 분위기를 내본다.

TV 토크쇼 방송에 함께 출연했던 정치평론가 미야케 히사유키는 누구에게든 칭찬을 아끼지 않는다. 스튜디오에서 만나 "잘 부탁합니다." 하고 인사를 건네면 그는 이렇게 말한다.

"오! 오늘도 역시 한층 더…."

그 특유의 처세술이다.

"이렇게 말하면 대개는 좋은 의미로 해석해요."

아무래도 '한층 더….', 뒤에 무슨 말이 올지는 모르지만 듣는 사람은 "한층 더 세련되셨군요."라든가 "한층 더 젊어지셨군요." 같은 칭찬을 받은 듯하다. 미야케 씨도 본인을 앞에 두고 낯간지러운 형용사를 구체적으로 사용하지 않아도 되므로 민망함이 덜하다.

이렇게 칭찬에 뛰어난 미야케 씨가 가끔 나를 보고 "오! 오늘도 역시…."라고 인사를 하다가 중간에 말을 끊는 경우가 있다. 이럴 때는 대개 내 의상이 마음에 안 든다는 의미다.

"아, 오늘은 별로인가 봐요?"

머뭇거리며 이렇게 내가 물으면 그는 이렇게 말한다.

"음…. 꼭 그렇지는 않지만 뭐랄까…. 쇼핑이라도 가는 듯한 경쾌한 복장이라서 나 같은 노인네가 보기에는 영 어색하네요."

나의 방송용 의상은 항상 스타일리스트가 준비한다. TV 예능 프로그램이지만 보도 느낌이 강한 방송에 출연할 때는 어느 정도 격식을 차린 의상이 주를 이룬다. 하지만 너무 딱딱한 의상을 고집하면 서로 곤란한 상황이 생기므로 요즘 유행하는 옷이나 젊은

층에서 인기가 많은 패션을 준비해 주어도 잘 입는다.

"어머, 너무 예뻐요. 좀 대담한 느낌이지만 가끔은 이런 의상도 입어봐야죠."

모험한다는 생각으로 입고 나가면 미야케 씨는 뭔가 탐탁지 않은 반응을 보인다. 그래서 의상을 고를 때 "이 의상은 미야케 씨 취향이 아닐 거예요.", "이 옷이라면 미야케 씨가 좋아하겠어요." 라는 대화가 오가곤 한다.

물론 자기 자신의 취향을 무시할 순 없다. 하지만 의상 선택에서 중요한 것은 장소와 만나는 상대이다. 오늘은 누구를 만나고 어떤 이야기를 하는가. 인터뷰할 때는 이런 부분까지 신경을 써야 한다. 다만 어디까지나 나의 조언일 뿐이니 오해 말기를. 이렇게 말하는 나조차도 실천하지 못하는 때가 많으니 '그래? 앞으로 아가와 씨 의상을 면밀히 체크해 볼까!' 하는 생각은 접어주시길 바란다.

에필로그

잘 들으면 공감할 매력이 보인다

예전에 소설가 엔도 슈사쿠 씨를 인터뷰한 적이 있다. 그는 아버지의 오랜 친구로 내가 어릴 때부터 우리 집에 자주 놀러 오셨다. 아저씨는 특유의 친밀함으로 우리와도 잘 놀아주셨는데 그럴 때마다 우리는 항상 배꼽이 빠지도록 웃었다. 그래서 나는 한동안 아저씨가 소설가가 아니라 코미디언인 줄 알았다.

그런데 학창 시절 독실한 기독교 신자인 한 여선생님이, 엔도 슈사쿠라는 작가의 《침묵》이라는 소설이 얼마나 훌륭한 작품인지, 그리고 그가 얼마나 진지하고 신앙심이 투철한 훌륭한 소설가인지 열변을 토하는 것이 아닌가. 나는 내가 아는 그 아저씨와 선생님이 얘기하는 엔도 슈사쿠의 격차가 너무나 커서 같은 인물이라고 믿기 어려워 어떻게 받아들여야 할지 혼란스러웠다.

“못 본 사이에 예뻐졌구나.”

아저씨는 집에 오실 때마다 나를 칭찬해주셨다.

“에이, 예뻐지긴?”

아버지는 말도 안 된다며 손사래를 치셨다.

“아냐, 예뻐졌어. 사흘 동안 못 본 벚꽃같이 예뻐.”

그 말을 듣고 아버지는 크게 웃으셨다.

“너는 소설가면서 일본어도 모르냐? ‘사흘 동안 못 본 벚꽃’은 꽃잎이 다 떨어져서 이제 볼썽사납다는 말이잖아.”

나는 아버지 덕분에 그 말을 알게 됐다. 그리고 아버지에게 핀잔을 받으면서도 당당하게 웃으며 주위를 밝게 만들어주던 그 아저씨가 정말 좋았다.

어릴 때부터 함께 장난치던 아저씨를 인터뷰하려니 복잡한 기분이 들었다. 아저씨도 나 이상으로 멋쩍어하는 모습이 역력했다.

"친구 딸에게 무슨 이야기를 해야 할까? 오늘은 아가와 씨라고 불러야 하나?"라고 하며 먼저 재미있는 이야기를 많이 들려주셨다. 또 가끔 아버지에 관한 질문을 내게 던지며 특유의 호기심을 마음껏 발휘하셨다. 아저씨 덕분에 우리는 즐겁게 이야기꽃을 피웠다. 마치 세러피스트 앞에서 깔깔대고 웃다가 고민이 사라져버린 환자가 된 기분이었다. 인터뷰가 끝날 무렵에 아저씨가 말씀하셨다.

"인터뷰는 이제 슬슬 끝내도 될 것 같다. 오늘은 많은 이야기를 했지만, 얼핏 경박한 이야기에서도 심오한 '의미'와 '상징'을 발견하는 독자와 그렇지 못한 독자가 있을 것 같구나."

이 마지막 말씀은 내 인생의 지침이 되었다.

〈슈칸분슌〉의 대담 코너를 시작하기 몇 년 전, 아저씨가 인터뷰어로 일하던 잡지사에서 보조로 일한 적이 있다. 그때는 아저씨와 게스트가 이야기를 나누면 나는 옆에서 고개를 끄덕이거나 가끔 맞장구치는 정도의 역할만 했다.

어느 날 인터뷰를 끝낸 아저씨가 무척 화를 냈다.

"저 사람은 못쓰겠군. 구체적인 얘기가 하나도 없잖아. 그렇다고 재미있는 것도 아니고."

되짚어보니 그 게스트는 어떤 질문에도 이런 식으로 답했다.

"그러네요. 모든 경험이 도움이 됐어요."

"어느 나라를 여행해도 다 재미있더라고요."

이렇게 뭉뚱그려 이야기하는 게스트가 불쾌했던 모양이다.

그때 나는 인터뷰를 할 때는 구체적인 이야기를 끌어내야 한다는 사실을 배웠다. 유쾌하고 다정다감했던 슈사쿠 아저씨가 돌아가시기 전에 감사 인사를 드렸어야 했는데 지금은 너무 안타깝기만 하다. 어쩌면 아저씨가 천국에서 이 책을 보고 "아무 도움도 되지 않던 인터뷰 보조가 인터뷰 방법에 관한 책을 썼다고? 세상 참 별일 많다."라며 크게 웃으실지도 모르겠다.

감동적인 이야기, 눈물 없이는 들을 수 없는 슬픈 이야기, 용기를 주는 이야기, 공들인 재미있는 이야기, 노력과 인내로 가득한 이야기, 기가 막힌 이야기, 한심한 이야기.

이야기는 사람마다 제각각이다. 과묵하든 수다스럽든, 달변이든 눌변이든, 사소한 말 한마디에도 듣는 사람의 마음을 울리는 힘이 반드시 들어있다. 하지만 그것이 반드시 훌륭한 이야기일 필요는 없다. 아무리 재미없고 의미 없는 이야기일지라도 목소리, 작은 반응, 표정, 몸짓, 망설임, 멋쩍음, 열의로 말하는 사람의 개성과 인격이 드러난다. 그것에 공감하고 싶어지는 작은 매력이 있다면 그것만으로 충분하다. 그리고 말하는 사람도 자신의 이야기를 통해 자기 마음을 다시 한번 돌이켜보고 무언가를 발견하는 계기가 된다면 이야기하는 의미가 깊어질 것이다.

그렇게 되도록 도움을 주는 인터뷰어가 되고 싶다!

간결하고 힘 있는 말하기는 일종의 예술과 같다.
말을 반복하고 또 반복하는 사람은 뇌가 퇴화되는 중이 아닌 이상
영향력이 미미한 사람이다.

소통전문가 닉 모건

제가 가진 가장 큰 자본은 다른 사람들의 열정을 끌어올릴 수 있는 능력입니다.
모든 사람이 자신의 재능을 충분히 발휘하게 하는 방법은 칭찬과 격려입니다.
심리학자 에이브러햄 매슬로